Hooked:
How to Build Habit-Forming Products

ニール・イヤール [著] Nir Eyal
ライアン・フーバー [著] Ryan Hoover

Hooked翻訳チーム [訳] Team Hooked
金山裕樹 VASILY / iQON
高橋雄介 GrowthHacker.jp / AppSocial.ly
山田案稜 読書会 bizima 代表
TNB編集部

HOOKED: HOW TO BUILD HABIT-FORMING PRODUCTS by Nir Eyal
Copyright © 2014 Nir Eyal

All rights reserved

Japanese translation rights arranged with Nir Eyal

c/o Fletcher & Company, New York through Tuttle-Mori Agency, Inc., Tokyo

ジュリーに

■　はじめに

「これはヤバい」。

　少々雑な表現ですが、私がはじめてHookedモデルを知った時の正直な感想です。私はこれまで約10年間にわたり、私の会社VASILYが運営するファッションコーディネートアプリ「iQON（アイコン）」や、前職にあたるヤフー株式会社などで数々のウェブサービスの企画に関わってきて、数百万人単位のユーザーを獲得してきました。その過程でいろいろな人に会って話をしたり、関連する本を読んだり、セミナーに出席したりして、ウェブサービスをいかにヒットさせるかについての考え方に触れてきたつもりはありました。しかし、この「ヤバい」という感覚を抱いたのは久々だったと思います。

　本書で解説されるフック・モデルが「ヤバい」のは、著者のニール・イヤール氏の分析や考察がわかりやすく納得いくものであることはもちろんですが、これまで私達のような企画者がプロダクトの企画をする際に、自身の経験や業界内の暗黙知になっているような、プロダクトを成功させるためのキモとなるポイントを、習慣性という1つの概念のもと、「トリガー」「アクション」「リワード」「インベストメント」などの簡潔なキーワードを用いながら、サービスにユーザーを「ハマらす」ポイントがフレームワークとして鮮明に描かれているからでしょう（サービスの企画に関わったことがある方であればこの感覚をきっと共有できると思います）。

　ウェブを中心としたインターネットサービスは他の産業と比べて歴史が短いこともあり、サービスの企画は体系化できているようで実際はできてなく、企画担当者の経験や野生の勘のようなものを頼りに作られてきた側面が多くあると思います。そのため、成功自体に再現性がなかったり、新しい企画の品質を事前にチェックしたりすることが難しいというのが事実です。そのような状況の中で、サービスの立ち上げから検証、再構築の一連のサイクルをシンプルに、そして力強く体系化し、解説したエリック・リースの書籍『リーン・スタートアップ』（日経BP社）が多くのファンの心を掴んだのは非常に納得がいきます。本書『ハマるしかけ』は『リーン・スタートアップ』同様に、サービスを企画

はじめに

運営するにあたって考えておくべきポイントや心構えを、Instagram や Pinterest など、読者の方にも馴染みの深いサービスをケース・スタディとして登場させることで、より現実感が伴った形でフック・モデルとして理解させることに成功しています。それと同時に、各章の章末にあるチェックリスト「DO THIS NOW」を実行することで、プロダクトに対してすぐにフック・モデルを適用できるような機能も提供しています。企画担当者やプロダクトオーナーが自社の製品に『ハマるしかけ』が組み込まれているか、すぐにチェックできるようになっているのです。

フック・モデルにピタっとはまり、ユーザーの習慣の一部になったプロダクトが将来どのような発展を遂げるかということについて、本書で具体的に名前が挙げられているサービスの今の状況を見ていただければご理解いただけるでしょう。また、習慣化された行動の根深さについて解説している Chapter1 のニールの体験談は、きっと読者のみなさんも似たような経験をしたことがあると思います。プロダクトが習慣の一部になることの強さについて、あえて言及する必要はないようにも思えますが、脳の中で習慣をつかさどる無意識脳の処理能力は、意識的な行動をつかさどる部分の 20 万倍の処理能力があると言われています（アプ・ディクステルホイスの研究から）。たとえば、みなさんの通勤を例にすると、他に考え事をしていたり、寝不足の状態だったりしても高確率で自宅から職場にたどり着くことができるものです。しかし、この通勤という行為の中で、いったいどれだけの意思決定を脳は無意識のうちにしているでしょうか？　正しい道を選び、正しい方向の電車に乗り、正しい駅で降り、正しい駅の出口を選び……、意識的にこれを行うとするとかなりぐったりしてしまうでしょう（知らない街で目的地に向かう過程を想像してみてください）。しかし通勤が習慣となってしまえば、それらの大量の意思決定を脳は無意識下で処理し、他に考え事ができる余裕を持ててしまうのです。それくらい習慣というものは強い力を持っていると思います。そして、その力を自社プロダクトに適用できることができたら、プロダクトの価値は必ず高まるはずです。そのヒントが本書に書かれています。

最後に、私が本著の著者であるニールに会った時の印象を書いておきたいと思います。ニールを紹介してくれたのは本書の翻訳チームの一人であり、私が起業したての頃からの友人である AppSocially の高橋雄

介氏でした。ニールと私が会ったきかっけはAppSociallyが監修したグロースハッカー向けのイベント「RECRUIT Growth Hacker Month（グロースハッカーマンス）」です。このイベントの際に、高橋氏が忙しいニールの時間をとってくれて、2人でVASILYに来社してくれたのが初対面でした。グロースハッカーマンスの期間中は世界中から名だたるグロースハッカー達が来日し、高橋氏のアレンジで彼らとディスカッションする機会を多くもらっていたので、私の中で外国人のグロースハッカー像というイメージがぼんやりとできあがっていたのですが、ニールは一見して、他のグロースハッカーとは違う雰囲気を醸し出していました。私が期間中に会うことができたグロースハッカー達の多くが、どちらかというと肉食系な空気をまとっているのに対して、ニールはその対極に近い位置にある「学者」や「哲学者」という雰囲気を持っていました（スタンフォード大学で講師をしていた経験もあるそうなので、当然といえば当然なのですが）。しかし、決して近寄り難いような空気はなく、すらっと細身で、実年齢よりも3〜4歳は若く見えるような顔つきと、親しみやすい笑顔が印象的なナイスガイでした。

ニールとはこの時2時間ほど、VASILYのオフィスで彼の好物である寿司を食べつついろいろな話をしたのですが、特に印象的だったのは彼がiQONのサービスをフック・モデルに照らし合わせながら、どこが改善すべきポイントなのかを明確に指摘したことでした。ニールから指摘を受けたのは、「iQONはフック・モデルのサイクルにおけるインベストメントが弱い」という点でした。折しもこの時、iQONのサービス改善における最重要課題がユーザーの再訪率の向上だったため、インベストメント部分の弱さが原因だったのか！と目からウロコが落ちるような気分でした。ニールはこの時までiQONというサービスの存在も内容も知らずに、私からの簡単なデモンストレーションを数分見ただけでズバっと課題点を見抜き、指摘したのです。それまで私達は再訪率を上げるためにいろいろな施策を考え、実行してきました。そして、フック・モデルで考えることにより、打つべき手が明確になり、意思決定の精度を高めることができるようになったと考えています。私達のようなスタートアップは「とりあえずやってみよう」の精神を非常に大事にしていることが多いと思いますが、そのほとんどは時間も資源も余裕がないので、「とりあえずやってみよう、でも成功確率の高いヤツをね」が本音だと思います。フック・モデルは実際にプロダクトオーナーが具体

はじめに

的なアクションを考える際の道標が示されているので、本書と共に具体的な改善点について考えると、行動の優先順がすっきりすると思います。

　本書は自社もしくは自身のプロダクトやサービスをユーザーに習慣的に使ってもらいたいと思っている経営者、企画担当、マーケティング担当者にとって非常に頼もしい一冊になることは間違いないでしょう。また、前述したようなチェックリストや、印象に残るキーワードによってフック・モデルをシンプルに理解できるようになっているため、プロダクトの開発に関わるエンジニアやデザイナー、営業担当者にとって、『ハマるしかけ』が自社のプロダクトに組み込まれているかどうかを考えるきっかけとするのにも最適です。

　それでは、『ハマるしかけ』への旅をお楽しみください！

2014 年 5 月吉日
VASILY 代表取締役 CEO / Hooked 翻訳チーム代表　金山裕樹

ニール・イヤール（Nir Eyal）氏
VASILY グロースハッカー 梶谷健人
AppSocially 高橋雄介 氏
VASILY 金山裕樹

　ニール・イヤール氏、VASILY 来社時のひとコマ。
　皆で寿司を食べながら iQON をテーマに、フック・
　モデルのディスカッションをしているところ。

CONTENTS
目次

- ●はじめに ………… 005

- ●イントロダクション ………… 013
  - ▶ REMEMBER AND SHARE ………… 026

Chapter 1　THE HABIT ZONE
ハビット・ゾーン（習慣化された領域）　027

- ●なぜ習慣がビジネスによい影響を与えるのか…………031
- ●習慣は顧客生涯価値を上昇させる…………032
- ●習慣は価格設定の自由度を上げる…………033
- ●習慣は急激な成長をもたらす…………035
- ●習慣は競争力を高める…………036
- ●ユーザーの心を掴む…………039
- ●戦略としての習慣化…………041
- ●ハビット・ゾーン（習慣化された領域）…………043
- ●ビタミン剤か鎮痛剤か…………045
- ●フック・モデルに飛び込もう…………048
  - ▶ REMEMBER AND SHARE…………049
  - ▶ DO THIS NOW…………050

Chapter 2　TRIGGER
トリガー（きっかけ）　051

- ●習慣は作り出すものではなく、積み重ねである…………054
- ●外的トリガーとは…………054
- ●外的トリガーの種類…………057
- ●①有償（Paid）トリガーとは…………058
- ●②名声（Earned）トリガーとは…………058
- ●③口コミ（Relationship）トリガーとは…………059
- ●④自己（Owned）トリガーとは…………060
- ●内的トリガーとは…………061
- ●きっかけを作り上げる…………064
- ●Instagramのトリガーを紐解く…………068
  - ▶ REMEMBER AND SHARE…………070
  - ▶ DO THIS NOW…………071

Chapter 3　ACTION
アクション（行動）　073

- ●行動する vs. 行動しない…………075
- ●モチベーション…………076
- ●広告に見るモチベーション例…………077
- ●能力…………080
- ●Facebookのログイン…………085
- ●Twitterボタンで共有…………087
- ●Googleで検索…………087
- ●アップルのiPhoneで写真を撮る…………088
- ●Pinterestのスクロール…………091

- ◉モチベーションと能力、どちらを先に増やすべきか…………092
- ◉ Twitter のホームページの進化…………092
- ◉経験則(ヒューリスティックス)と認識について…………095
- ◉希少効果…………097
- ◉フレーミング効果…………098
- ◉アンカー効果…………100
- ◉エンダウド・プログレス効果…………100
- ▶ REMEMBER AND SHARE…………103
- ▶ DO THIS NOW…………104

Chapter 4　VARIABLE REWARD　リワード（予測不能な報酬）　105

- ◉報酬とは何か…………107
- ◉予測不能とは何か…………108
- ◉トライブ（集団）、ハント（狩猟）、セルフ（自己）の報酬…………110
- ◉トライブ（集団）の報酬…………111
- ● Facebook…………112
- ● Stack Overflow…………113
- ● League of Legends…………115
- ◉ハント（狩猟）の報酬…………116
- ◉ギャンブル・マシン…………119
- ● Twitter…………119
- ● Pinterest…………120
- ◉セルフ（自己）の報酬…………121
- ◉ビデオゲーム…………122
- ● e メール…………123
- ● Codecademy…………125
- ◉報酬システムをデザインするのに大切なこと：予測不能な報酬はフリーパスになりえない…………126
- ◉自主性の維持…………128
- ◉有限的な予測不能性を知ろう…………134
- ◉どの報酬を提供すべきか？…………138
- ▶ REMEMBER AND SHARE…………140
- ▶ DO THIS NOW…………141

Chapter 5　INVESTMENT　インベストメント（投資）　143

- ◉態度の変化…………145
- ◉労力に対する不合理な自己評価…………146
- ●人は過去の行動との一貫性を求める…………148
- ●人は認知的不協和を避ける…………149
- ●ちょっとした作業…………151
- ◉価値を貯める…………153
- ◉コンテンツ…………154
- ◉データ…………155
- ◉フォロワー…………156
- ◉評価…………159
- ◉スキル…………159
- ◉次のトリガーを生み出す…………161
- ● Any.do…………162
- ● Tinder…………163
- ● Snapchat…………164

- ●Pinterest………165
  - ▶ REMEMBER AND SHARE………168
  - ▶ DO THIS NOW………169

Chapter 6　WHAT ARE YOU GOING TO DO WITH THIS?
フック・モデルをどのように活かせばよいのか　171

- ●操作の倫理性………174
- ●ファシリテーター（住人）………178
- ●ペドラー（商人）………181
- ●エンターテイナー（芸人）………182
- ●ディーラー（売人）………183
  - ▶ REMEMBER AND SHARE………185
  - ▶ DO THIS NOW………186

Chapter 7　CASE STUDY: THE BIBLE APP
ケース・スタディ：聖書アプリ（Bible App）　187

- ●始まり………191
- ●いかに神の習慣を形成するのか………192
- ●神聖なきっかけ………193
- ●神の栄光がデータの中に………195
- ●神からの褒美………196
  - ▶ REMEMBER AND SHARE………199

Chapter 8　HABIT TESTING AND WHERE TO LOOK FOR HABIT-FORMING OPPORTUNITIES
習慣性のテストと習慣化をうながす機会を探る　201

- ●習慣テスト………203
- ●ステップ1：調査………204
- ●ステップ2：仮説………205
- ●ステップ3：改善………206
- ●習慣性を形成する機会を見つけるということ………207
- ●初期行動………209
- ●実現を可能にする技術………211
- ●インターフェースの変更………213
  - ▶ REMEMBER AND SHARE………215
  - ▶ DO THIS NOW………216

Appendix　付録　217

- ●謝辞………219
- ●貢献者達………221
- ●注釈………226

- ●著者紹介………237
- ●これから何をすればいいの？………237
- ●訳者紹介………238

011

Introduction
イントロダクション

Hooked:
How to Build Habit-Forming Products
By Nir Eyal

INTRODUCTION

　スマートフォン所有者の 79％は、毎朝目を覚ましてから 15 分以内に自分のスマートフォンをチェックしている [1]。そして、もっと驚くべきことに、アメリカ人の 3 分の 1 は、自分の携帯電話を失うくらいなら、むしろセックスを諦めるのだ [2]。

　2011 年のとある大学の研究によれば、人は自分の携帯電話を一日に平均して 34 回チェックすることが報告されている [3]。しかし、業界関係者の話はさらに驚くべきもので、実際のチェック回数は毎日 150 回にもなるそうだ [4]。

　実際のところ、私達はスマートフォンの虜になっている。

　私達が使用している技術は、本当の中毒とは言えないかもしれないが、強迫観念をもたらす。たとえば、メッセージやショートメッセージの通知のチェックすることも、その原因となる。YouTube や Facebook、Twitter をちょっと使うことをきっかけに、その一時間後もタップやスクロールし続けることもある。おそらくこの強迫観念は、一日中皆が感じているにもかかわらず、ほとんど意識していない。

　認知心理学者は、このような意識的な思考をほとんど伴わないような習慣を「状況的なきっかけによって引き起こされる自動的な行動」と定義している [5]。日常行動を設計者が意図したように変更することで、私達はプロダクトやサービスを習慣的に利用することになる [6]。つまり、私達の行動は、設計者に操作されているのだ。では、企業は、スクリーンに表示されたわずかな記号のかたまりに過ぎないものを生み出すことで、どのようにして人々を惹きつけるのだろうか？　何がそれほどの習慣性を作り出すのだろうか？

　多くのプロダクトにとって、習慣性を作り上げることは生き残りに欠かせない。私達の注意を惹こうと膨大な情報が競合するにつれ、企業は人々の心に残るための新たな戦略を身につけている。今日、たとえば

100万人といった大人数の心を惹きつけるだけでは不十分であり、習慣の力が生み出す経済的価値がますます増大していることに企業はますます気付きつつある。消費者の心を捉えて日常的に使われるプロダクトを生み出すために、消費者にクリックしてもらうだけでなく、行動してもらうことを学ばなければならない時がきたのだ。

この真実に今まさに気付いた企業がいる一方で、すでにこの状況を逆手に取っている企業もいる。この本で取り上げた企業達は習慣性を作り上げるテクニックをマスターすることで、彼らのプロダクトをユーザーにとってなくてはならないものにしている。

First- To- Mind Wins
始めに心を掴んだものが勝つ

日常的に使われるプロダクトを生み出す企業は、結果としていくつかの利点を得ている。これらの企業はそのプロダクトに、消費者がプロダクトを使用したいと思わせるひっかかりともいえる、「内的トリガー」をくっつけている。その結果として、大っぴらに何かをしかけなくてもそのプロダクトの利用者が現れるのだ。

費用のかかるマーケティングに頼る代わりに、習慣を提供する企業は、サービスと消費者の日常と感情とを常に結びつけている[7]。習慣とは、たとえば次のようなことである。仕事中に少し退屈になると、思わずTwitterを開いてしまう。孤独を感じると、理性的にならずにFacebookのフィードをスクロールしてしまう。疑問が湧いたら、考えるよりも先にGoogleで検索する。つまり、心の問題を素早く解決できるプロダクトが勝つのだ。本書のChapter1では、消費者が習慣としてプロダクトを使ってくれることに関する利点について探る。

ところで、プロダクトはどのように消費者の利用を習慣付けさせているのだろうか？　答えはプロダクト自らが作り出している。アメリカの

INTRODUCTION

テレビドラマ『マッド・メン』が好きなら知っての通り、かつての広告産業が創り出だしたマディソン街の黄金時代は遥か昔の話だ。様々な画面サイズが存在しており、広告に対して消費者が消極的な行動をとる現代という世界において、ドン・ドレイパー（マッド・メンの主人公）が扱っているような莫大な予算を使えるのは、巨大ブランドぐらいのものだ。

今日では、小さなスタートアップチームでも、私が「フック」と呼ぶ体験を消費者に味わわせ、そのプロダクトを利用し続けてくれるよう仕向けられる。利用者が頻繁に「フック」を経験すればするほど、使うことがより習慣付けられやすくなる。

How I Got Hooked
どのように「フック」は考え出されたのか

2008年、私はスタンフォード経営大学院でMBAを取得したのちに、シリコンバレーでもっとも聡明と言われる投資家に支援された会社を設立した。私達の使命は、急成長しているオンライン・ソーシャルゲームに広告を配信するプラットフォームを構築することだった。

ソーシャルゲームの企業はデジタル上の農場で仮想の牛をユーザーに売って数十億ドルを儲けていたが、その一方で広告主は莫大な予算を使ってまでユーザーがくだらないと思うものを売り続けていた。最初は何もかもがうまくいかず、「どうすればいいのだろう」と、私は途方に暮れる毎日だった。

この開発元と広告主という2つの狭間でしばらく考えた後、プロダクトがどうやって私達の行動に影響し、どうやって強い欲求を作り出すのかを学ぶ工程に乗り出すことにした。潜在的に中毒性の高いプロダクトを作り出す企業は、ユーザーの行動をどうやって操作すればよいのか？ プロダクトのモラルはどう設定するべきか？ そして、もっとも重要な問いは、これらの体験を強制させるような力は、人々の生活を改善する

ようなプロダクトを作り出すのに利用できるのか？　というものであった。

　その詳細なモデルはどこで見つけられるのだろうか？　残念ながら、私には見つけられなかった。行動設計に長けている企業は情報を明かさないし、その話題に触れているブログの記事や書籍をチェックしてみたものの、習慣的なプロダクトを作り出すための How to マニュアルは皆無だった。

　そして、ユーザーエクスペリエンスデザインと機能におけるパターンを明らかにしている何百社もの企業を観察し、その結果を蓄積していった。どの企業も独自の社風を備えてはいたが、その中から、勝者の共通点と敗者に欠けているものの特定に努めてみた。

　消費者心理や人間対コンピュータの相互作用、行動経済学など、学術的な見識も調べた。2011 年、私は自分が学んだことをブログで共有しながら、小規模な新興企業からフォーチュン 500 として取り上げられるような大企業、そして様々なシリコンバレー企業において、コンサルタントとして働いた。どのクライアントも、私の理論を試したり、新たな考察を深めたり、考えを洗練したりするための機会を提供してくれた。これらの機会から学んだことをブログ（NirAndFar.com）に書き始めると、私の評論は他のサイトでも紹介された。ほどなくして、読者達も彼らの観察と実証に基づいた記事をブログなどに書き始めた。

　2012 年秋、ババ・シフ博士と私はスタンフォード大学経営大学院で人間行動科学についての講義を行った。その翌年には、スレフ・ハビフ博士とパートナーを組み、スタンフォード大学ハッソ・プラットナー・デザイン研究所（通称 d. school）で同様のコースを教えた。

　この時期に行った研究と実際経験が生み出したのが、4 つのプロセスを踏むことで人間の行動を習慣付けさせる「フック・モデル（The

Hook Model)」である。このフック・モデルのサイクルを継続的に実施することで、プロダクトはその究極の目的を達成することが可能になる。それは、高額な広告や押しつけがましいメッセージを必要とせずに、顧客をリピーターにすることである。

本書でフック・モデルの実例として取り上げるのは、自らの専門であるテクノロジー関連企業だが、それは実際に様々な場所でも見ることができる。たとえばアプリケーションやスポーツ、映画、ゲーム、そして職場など、フック・モデルは私達が経験するほとんどの事象に潜んでいる（そしてそれは財布の紐と関連することも多い）。なお本書の構成は、フック・モデルの4つのステップに則っている（図0-01）。

図 0-01　フック・モデルの4つのステップ

フック・モデルは人間の行動を習慣付けさせるフレームワーク。4つのステップで構成されている。

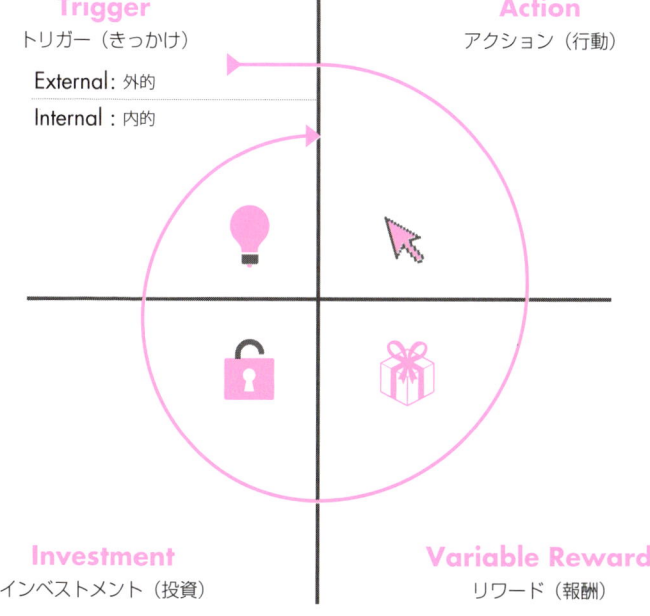

イントロダクション

1. Trigger
①トリガー（きっかけをもたらす）

　「きっかけ（トリガー）」は、エンジンの点火プラグのように、人々の行動を加速させるものだ[8]。このトリガーは、「内的トリガー」と、「外的トリガー」の2つに分けられる。習慣化をうながすプロダクトは、メールや、ウェブサイトのリンク、スマートフォン上のアイコンなどの外的トリガーから消費者に知られることにより、すべてが始まる。

　たとえば、ペンシルバニアの若い女性バーバラは、彼女の家族がペンシルバニアの田舎に行った際にFacebookに投稿した写真を見た。それはとても素敵な写真だったので、同じ場所への旅行を兄弟のジョニーと計画した。外的トリガーが、彼女のクリックから行動を引き起こしたのだ。連続したトリガーを繰り返すことによって、ユーザーは行動と感情に関連する内的トリガーとの関係性を形作り始める。

　ユーザーに対して次のふるまいを起こすためのトリガーを与えると、新しい習慣は自動的に毎日のルーチンの一部になる。少しずつ、バーバラはFacebookを社会的なつながりに必要だと感じるようになった。Chapter2では、「どのトリガーがもっとも効果的なのか？ プロダクトの製作者はそれをどうやって決めるのか？」という問いに答えるため、内的トリガーと外的トリガーについて掘り下げる。

2. Action
②アクション（行動をうながす）

　「アクション（行動）」をうながすトリガーとは次に挙げる例のようなものだ。たとえば、バーバラがFacebookのニュースフィードで興味ある写真をクリックするという単純なアクションをすると、Pinterestという「ピンボードスタイルの写真共有」サイトへ移動する[9]。これらの行動は、ステップ③「リワード（報酬）」を見越して行われる。

Chapter3にて詳しく説明するが、フック・モデルのこの段階は、特定のユーザーアクションがどうやって発生するかを明らかにするために、ユーザビリティ設計と科学をよりどころとする。企業は、特定のアクションが発生する可能性を高めるために、人間行動における２つの基本的な滑車（プーリー）を利用することになる。その滑車とは、アクションのしやすさと、それを行うための心理学的な動機だ[10]。

　バーバラが一度写真をクリックするという簡単な操作を完了すると、彼女は次に現れたものに魅了されてしまう。

3. Variable Reward
③リワード（報酬を与える）

　フック・モデルを単なるフィードバックループと区別するのは、欲望を生み出すというフックの力である。フィードバックループは、私達の周りにありふれているような予測可能なものであり、欲望は生み出さない。たとえば、冷蔵庫のドアを開けてライトが点灯しても、それに驚かなければ冷蔵庫を何度も何度も開けたくなったりはしない。しかしある要素を加えてみたらどうか。冷蔵庫を開けるたびにごちそうが魔法のように現れるといった、隠し味があったらどうだろう？

　「リワード（報酬）」は、企業がユーザーを惹きつけるため行う効果的な手法の１つだ（Chapter4で詳細に説明する）。研究によれば、脳がリワードを期待している時、神経伝達物質のドーパミンの分泌が急上昇することが明らかになっている[11]。さらに、集中力の上昇により、判断力と理性をつかさどる脳の領域が抑制され、欲求をつかさどる脳の領域が活性化する効果は、不規則性により高められる[12]。典型的な例としてスロットマシンや宝くじのようなリワードは一般的な商品にも広く普及している。

バーバラがPinterestにアクセスすると、彼女は探していた画像を見られるだけでなく、Pinterestから多くの魅力的なものが与えられる。その画像は彼女が予定しているペンシルバニア地方への旅行に関するものではないかもしれない。しかし彼女の目を惹くものは他にもある。関連性があろうとなかろうと、刺激的であろうと簡素であろうと、素敵であろうと普通であろうと、様々な刺激は、彼女の脳のドーパミンシステムをリワードに対する期待でいっぱいにし、興奮させる。すると彼女は新たな刺激を求めてPinterestで時間を費やすことになる。そして、彼女は気がつくと、Pinterestを見始めてからすでに45分が経過していた。

Chapter4では、人間が経験した特定の感覚を最終的に忘れてしまう理由と、変化が記憶に与える影響について探っていく。

4. Investment
④インベストメント（投資させる）

フック・モデルの最終段階では、ユーザーはわずかながら仕事をすることになる。「インベストメント（投資）」の段階は、将来ユーザーが新たなフック・サイクルを作り出す確率を増やすためのものだ。たとえばユーザーが時間やデータ、努力、社会的な資本、金銭などを該当するサービスに投入するといったものがインベストメントにあたる。

ちなみに、インベストメントのフェーズは、ユーザーに財布を開いてもらうということではない。投資とはむしろ、ユーザー自身が次に使う時のために、サービスを改善する行動を意味する。友人を招く、好みを選ぶ、仮想資産を作る、新機能の使い方を学ぶといった、ユーザー自らが自分の体験を改善するために行うことはすべてインベストメントである。フックのサイクルにおけるこれらの献身的な行動は、ユーザーにとって、トリガーをより魅力的に見せ、より行動を起こしやすくさせ、より刺激的なリワードにつながる。Chapter5では、インベストメントによって連続したフックの循環を作り出すために、どのようにユーザーを仕向

けるかを掘り下げる。

　バーバラは豊かさの象徴であるコルヌコピア（豊穣の角）の写真を、Pinterestでスクロールしまくって楽しんだ時のように、自分の様々な好みを保存したいという欲望にかられた。そして、自分の好きなアイテムを集めることで、「自分の好み」というデータをサイトに与える。さらに、誰かをフォローしたり、写真を投稿したり、集めたりというインベストメント（投資）行動により、彼女とサイトとのつながりは強化され、未来のフックのループが仕込まれるのだ。

A New Superpower
新しく強大な影響力

　習慣化をうながすテクノロジーはすでに存在しており、私達の生活に密着している。様々な端末は私達に対して、より頻繁にウェブにアクセスするように仕向けている。たとえばスマートフォン、タブレット、テレビ、据え置き型ゲーム機、ウェアラブル端末など。企業はこれらの端末によって、私達の行動により大きな影響力を及ぼせるようになっている。

　企業がより速いスピードで消費者のデータを収集し、加工し、処理できるようになり、ユーザーとのつながりを強固なものにするにつれて、私達の将来は、より多くの習慣が潜在的に作り出されていく事態に直面するだろう。シリコンバレーの著名な投資家、ポール・グレアムはこう述べている。「法律の対象とならない限り、これからの40年間はこれまでの40年間よりも、このような（習慣化をうながす）テクノロジーの進歩に、世界はより依存していくことだろう」[13]。Chapter6では、習慣化をうながすテクノロジーの心理的な支配に対するモラルの新たな現実と論争を見ていこう。

　最近、ブログの読者が私に送ってきたメールに「悪事に用いることが

できないものは、"すごい力"とは言えない」とあった。そう、彼は正しい。読者の言葉に沿えば、習慣化をうながすプロダクトが築くものは「すごい力」だと言える。もし、この力が野放図に用いられるなら、悪しき習慣として生まれたものは、正気を失ったゾンビのようになってしまう依存癖へと即座に変化するはずだ。ところで、あなたは前述したバーバラとその兄ジョニーが誰なのか予想できていただろうか？ あなたがゾンビ映画好きなら、容易だったはずだ。バーバラとその兄のジョニーは、謎の力に憑かれてゾンビがあちこちと動き回る有名なホラー映画『ナイト・オブ・ザ・リビングデッド』の登場人物だ[14]。

ここ数年でいわゆるゾンビ物が復活しているのは誰の目にも明らかだ。ゲーム界においては『バイオハザード』、テレビ界においては『ウォーキング・デッド』、そして映画界においては『ワールド・ウォーZ』など、ゾンビの人気は留まるところを知らない。それにしてもなぜ突如として、ゾンビは人気を取り戻したのだろうか。もしかすると、破竹の勢いで発展・普及を続けるテクノロジーに、私達は知らない間にコントロールされるのではないだろうかという不安があるからかもしれない。

その不安を否定することはできないものの、私達はゾンビ映画の中のヒーローのように、怯えることはあっても、それを乗り越えられるような強い存在である。私は、経験から作られる習慣化をうながすプロダクトは、人に悪影響よりも好影響を与えると学んだ。著名なターラー、サンスティン、ボルツといった学者が言うところの「選択するための構造（choice architecture）」は、他者の決断や行動に対して影響を与えるテクニックである。そして、最終的にそのテクニックは「他者が（彼らの考える）より良い決断をするための後押し」に使われるべきだ[15]。本書では、まさに人々の「こうしたいのにできない」という状況を解決するための、プロダクトの作り方を解説する。

フックは、イノベーターや起業家が数十億というユーザーに対して、日常的に多大な影響力を与えられる手段だ。私は、アクセスとデータ、

スピードといったテクノロジーが集まることで、ポジティブな習慣が生み出されると確信している。これらのテクノロジーが正しく使われれば、人間関係や効率性、生産性を向上させ、結果として私達の生活の質そのものを上げることになるだろう。

フック・モデルはユーザーの習慣を作り出すことに成功した、多くのプロダクトの裏にある理論を説明するものだ。この理論に関連する膨大な専門書のすべてを網羅するものではないが、フックは結果を求める起業家やイノベーターにとって、より実践的なテクニックである。本書では、起業家が成功する確率を上げるために、単なる研究結果や机上の空論で終わることのない洞察から作り出された、現実的なフレームワークを提供する。

フック・モデルでは、ユーザーの抱える問題と企業が提供する解決方法を、うまくつなげることで、ユーザーの行動を習慣化する。私は本書を通して、プロダクトがどうやって私達の行動を変えるのかを知っていただきたい。そして、さらに踏み込んでものを言わせてもらえば、プロダクトがどうやって私達そのものを変えるのかを、あなたに深く理解していただきたいと思っている。

How to Use this Book
本書の使い方

各章の最後に、「REMEMBER AND SHARE」として、テイクアウト可能な箇条書きを用意しておく。箇条書きの内容を復習したり、ノートにメモしたり、ソーシャルメディアで共有したりすることは、自分が得た知識をいったん立ち止まって考えたり、考えに反映したり、補強したりするのによい手段だ。

もし、習慣化をうながすプロダクトをすでに作っているのなら、章の最後にある「DO THIS NOW」が、次のステップへ進む際の助けとな

るはずだ。

★★★
REMEMBER AND SHARE
リメンバー・アンド・シェア

◎習慣とは、無意識、あるいはほとんど意識しないままに行われる行動である

◎アクセス、データ、スピードの集中により、この世の中はますます習慣を形成しやすい場所になっている

◎ユーザーの習慣を作り出すようなビジネスは、非常に大きな競争力を獲得できる

◎フック・モデルとは、ユーザーの抱える問題を、習慣化された行動で解決するという体験をモデル化したものである

◎フック・モデルには①［トリガー（きっかけをもたらす）］、②［アクション（行動をうながす）］、③［リワード（報酬を与える）］、④［インベストメント（投資させる）］の4つの段階がある[16]

1

THE HABIT ZONE
ハビット・ゾーン
（習慣化された領域）

Hooked:
How to Build Habit-Forming Products
By Nir Eyal

THE HABIT ZONE　1

　ジョギングをしていると、私の意識は別の領域（ゾーン）に入ってしまっている。自分の身体がどのように動いているかということには意識が向かず、心はどこか別の方向を向いている。私にとって、そんなジョギングはリラックスできる行為であり、またリフレッシュにもなっている。そのため週3回の朝のジョギングは欠かせない。つい最近、いつものジョギングの時間帯に海外の顧客に電話をしなければならないことがあった。「まあいい。代わりに夕方走ればいいことだ」、そう思っていた。だがいつもの習慣を行わなかったことは、その晩の私の行動を大きく左右することになる。

　私はジョギングのため、夕方家を出た。ちょうどその時ゴミ捨てのために外に出てきた女性の横を通りかかった。目が合うと、彼女は笑顔を作ってくれたので、私はていねいにこう言った。「おはようございます！」そう言ってしまってから、今が朝からもう10時間も経った夕方であることに気付き、訂正した。「ごめんなさい、『こんばんは』って言うつもりだったんです！」彼女は眉間にしわを寄せ、ぎこちなく笑った。
　戸惑いつつも、この日の私は、自分の意識がどこか別のところに向いてしまっていた。もうこのようなミスはしないぞと自分に言い聞かせていたのだが、またしても数分後、別のランナーを追い越そうとしてうっかり言ってしまった。「おはようございます！」
　いったいこれはどういうことだろうか？

　さて、家に帰った私は、いつものようにジョギング後のシャワーを浴びていたのだが、そのうちに私の心は再びどこか別の場所をさまよっているような感覚になった。このような感覚は、シャワーを浴びている最中にもよく味わうものだ。脳の自動操縦装置が稼働し、私は自分の行動を意識しないまま、シャワーの後いつも決まってする行為を始めてしまった。そう、私は意識することなく、シェービングフォームを塗って髭を剃り始めていたのだ。このことにようやく気付いたのは、カミソリの刃が私の顔に傷を作ってしまってからであった。髭剃りというのは普段は朝にすることであり、夕方やる必要はまったくない。にもかかわら

1. ハビット・ゾーン（習慣化された領域）

ず、私は無意識のうちに行っていたわけである。

　普段は朝に行うジョギングを夕方にずらしたことで、私の行動についての台本（スクリプト）は刺激され、ジョギング後のいつもの習慣を、まったく意識することなしに夕方行うよう脳が身体に命令したのだ。これがいわゆる身体にしみついた習慣であり、無意識、あるいはほとんど意識しないままに行われる行動である。このような無意識に習慣化した行動が、人間の行動の半分ほどを占めているという説もある[17]。習慣とは、人間の複雑な行動を脳が把握する方法の1つだ。

　神経科学者の説によれば、自動的な反応は人間の大脳基底核（無意識の行動に関係する脳の一部）に習慣として覚え込ませるため、そのぶん人間は他のことに集中できるそうだ[18]。

　つまり、脳は次にとるべき行動のショートカットとして、習慣を形成するというわけだ[19]。どのような状況にあったとしても、その状況を解決するための行動を、脳はすぐに習慣化する。

　たとえば爪を噛むという行動。これは一般的には無意識のうちに起きる。最初は、たとえば爪のささくれを取るため爪のつけ根を噛んだことがきっかけで、爪を噛み始めたのかもしれない。しかしながら、何らかの目的があってその行為をするのではない場合（つまり、何かがきっかけで、自動的に反応して爪を噛んでしまう場合）、それは習慣である。習慣的に爪を噛む人にとって、この無意識の行動のきっかけになるのはストレスである場合が多い。爪を噛むことでほんの一瞬でも安心感が得られることが多ければ多いほど、この行為をやめることは難しくなる。

　爪を噛む行為と同様に、日常の多くの物事は、過去にその方法によって解決できたという単純な理由をもとに判断されている。昨日の判断が正しければ、今日もその判断で問題ないだろうという具合である。こうして型にはまった行動が生まれるのだ。

私の脳は、ジョギングの際にすれ違う人々とのアイコンタクトと、「おはようございます！」という挨拶を関連付けている。おかしなタイミングで「おはようございます！」とつい口に出てしまったのは、このような理由があるからだ。

Why Habits are Good for Business
なぜ習慣がビジネスによい影響を与えるのか

日々の行動を決定する際にプログラム化された行為が影響力を持つならば、習慣の力を利用することがビジネスに役立つかもしれない。習慣を効率的に作り上げられるならば、それが収益アップにつながると考えられる。

習慣的なプロダクトとは、ユーザーの自発的な行動をうながし、その行動を習慣化させるものだ。そういったプロダクトは、広告や宣伝に頼ることなしに、消費者の自発的な行動で繰り返してプロダクトを使用してもらうことを目標としている。一度習慣が作り上げられてしまえば、たとえば行列に並んでいる時の暇つぶしには決まってそのプロダクトを使うといった具合に、自動的にある行為を行うようになるだろう。

ただし、本書で取り扱うフレームワークや事例は、すべてのビジネスや業界に当てはまるというわけではない。そのため、ユーザーの習慣が特定のビジネスモデルや目的にいかなる影響を与えるかは、経営者自身が評価しなければならない。プロダクトによってその生き残りは、ユーザーの習慣を形成できるかどうかにかかっている（が、必ずしもすべてのビジネスに必要だというわけではない）。

たとえば、購入される機会や使用される機会があまりないプロダクトやサービスは、習慣化されたユーザーを必要としない。あるいは、そういったプロダクトを習慣的に毎日使用してもらう必要はない。たとえば

1. ハビット・ゾーン（習慣化された領域）

生命保険会社では、営業や広告、口コミ、勧誘などによって、契約に結びつけるが、いったん保険を契約してしまえば、それ以上契約者が何かを行う必要はないといった具合に。

本書では、継続的で自発的にユーザーが関わる、すなわちユーザーの習慣が影響を与えるビジネス（のプロダクト）について言及する。他の手段を用いて消費者に行動を起こすように働きかけるビジネスは除外している。

どのように習慣が形成されるのかというメカニズムを分析する前に、まずは習慣を形成することの重要性と、それをビジネスで利用することの利点を理解しておく必要がある。習慣を作り上げることは、ビジネスの様々な場面で有効になってくる。

Increasing Customer Lifetime Value
習慣は顧客生涯価値を上昇させる

MBAの授業で、ビジネスの価値とは将来の利益を総合した値であると教えられる。この基準は、投資家が会社の株の適正価格を計算する方法と同じだ。

CEOや経営陣は、株価を高める能力によって評価されるため、会社がフリーキャッシュフローを生み出すことができるかどうかを気にしている。株主から見た経営陣の仕事とは、収入を増やすか出費を減らすことによって将来的な利益を増やす戦略を実行することだ。

ユーザーの習慣が形成されることは、より高い顧客生涯価値（CLTV）を生み出す。つまり、習慣の形成は会社の価値を高める効果的な方法である。顧客生涯価値とは、他社のプロダクトに乗り換えたり、プロダクトの使用をやめたり、あるいはそのプロダクトがなくなるまでに、顧客がそのプロダクトに対して費やす金額の合計である。使用を習慣付ける

ことで、ユーザーがプロダクトを使用する期間は長くなり、その結果として高い顧客生涯価値をもたらすことになる。いくつかのプロダクトは、非常に高い顧客生涯価値をもたらす。たとえば、クレジットカードのユーザーは、長期間同じクレジットカードを使い続ける傾向があるため、カード会社がコストをかけて顧客を獲得することに意味はある。

カード会社は新しい顧客を獲得するためなら、高いコストを払うことを厭わない。だから、家族カードのような追加のクレジットカードを作ったりカードをアップグレードしたりすると、プレゼントや航空会社のボーナスマイルがもらえることをカード会社は謳うのだ。ユーザーには潜在的に顧客生涯価値が存在する。よって、カード会社はマーケティングに力を入れるのである。

Providing Pricing Flexibility
習慣は価格設定の自由度を上げる

投資家としても有名なバークシャー・ハサウェイのCEOウォーレン・バフェットは、かつてこう言った。「会社の強さは、どれほど値上げの苦しみというものを克服してきたかで決まる[20]」。バフェットと彼のパートナー、チャーリー・マンガーは次のことに気がついた。消費者がプロダクトを習慣的に使うようになれば、そのプロダクトに対する信頼度が高まり、値段に無頓着になっていく。バークシャー・ハサウェイが、シーズ・キャンディーズやコカ・コーラなどに投資をしてきたことは有名だが、その投資もこうした消費者心理を根拠に行ったのである[21]。バフェットとマンガーの解釈によれば、消費者の習慣に目を向けることで、値上げに対する企業の自由度が高まるのである。

たとえば無料ゲームのビジネスでは、ユーザーが継続的かつ習慣的にプレイするようになるまでは、課金を要求しないのが通例である。ゲームをしたいという欲がいったんユーザーの中に芽生え、ゲームの世界で上達したいという気持ちが深まれば、単なるユーザーを継続的なユー

ザーへと変えるのは格段に容易になる。このような状態になれば、ゲーム内の仮想アイテムや追加ライフ、スペシャルアイテムが、まさに金のなる木となるのだ。

Candy Crush Saga を例にお話ししよう。Candy Crush は通常、スマホなどでプレイされるソーシャルゲームであり、2013年12月以降5億回以上のダウンロード数を誇っている。Candy Crush の採用した「フリーミアム」モデル(一部のサービスや商品を無料で提供する販売スタイルのこと)は、単なる一般ユーザーを、金を払うユーザーへと変えた。この手法でゲームメーカーは1日に何百万ドルもの利益を上げているのだ[22]。

同様のことが他のサービスにも当てはまる。たとえば、Evernote。Evernote はメモソフトで、そのメモは保存などが行えることから人気が高い。このソフトは無料で使用できるのだが、費用を払ってアップグレード版にすると、オフラインでの閲覧や他のユーザーとの共同作業などが可能になる。Evernote のファンならば、このアップグレード版に費用をかけることは厭わない。

Evernote の CEO であるフィル・リービンは、料金を支払わないユーザーを収入源にする方法についても語っている[23]。2011年にリービンは「スマイル・グラフ(Smile Graph)」の名で知られるチャートを公開した。チャート上の Y 軸は登録したユーザー数、X 軸は使用時間を示すものである。チャートを見ると、最初は利用ユーザー数が急降下したが、ユーザーが習慣的にサービスを使用するに従い上昇していくことがわかる。この結果チャート上に描かれる線がスマイルの形を形成するため、スマイル・チャートと呼ばれる(ついでに Evernote の CEO もホクホクした笑顔になるというわけだ)。

また、利用ユーザー数は時間軸に沿って増加するが、それとともに、ユーザーがサービスへ支払いたくなる気持ちも増加する。リービンによ

れば、最初の月には有料サービスを利用したユーザーは0.5％に過ぎなかったものの、次第にこの割合は増え、33か月目には11％、42か月目には、なんと26％のユーザーが、それまで無料で利用していたサービスを有料で使用するようになったのだ[24]。

Supercharging Growth
習慣は急激な成長をもたらす

　プロダクトに対して長期間にわたり価値を見出しているユーザーほど、周りの人に広めたくなるものだ。頻繁に使用する人ほど、友人に勧めたり、宣伝したり、口コミを流したりしたくなるものだ。ユーザーがそのプロダクトのファンになれば、ブランドの伝道者（エバンジェリスト）としての機能を果たすため、企業側はほとんど費用をかけることなく、新たなユーザーを獲得できるというわけだ。

　ユーザーを惹きつける力を持ったプロダクトは、ライバル商品よりも早く成長できるという潜在能力も持ち合わせている。その代表的な例がFacebookである。Facebookがソーシャル・ネットワークのビジネスに参入したのは比較的遅い時期であった。それにも関わらず、MySpaceやFriendsterといった競合他社のSNSの中から勝ち上がることができた。MySpaceやFriendsterなどのSNSも、それまでは順調に成長を遂げており、数百万人のユーザーを獲得していたのだが、マーク・ザッカーバーグが大学生限定という閉ざされた門戸を開放して以降は、Facebookの独壇場となったのだ。

　Facebookが成功した理由は、私が「増えれば増えるほどよい」と呼んでいる法則に裏付けられている。つまり、「ユーザーが使用する回数が増えれば増えるほど、口コミも増える」というわけだ。IT起業家からベンチャー・キャピタリストに転身したデビッド・スコックは「利益増加のためにもっとも重要となる要素は、口コミのサイクルタイムだ」と述べている[25]。口コミのサイクルタイムはユーザーが別のユーザー

1. ハビット・ゾーン（習慣化された領域）

にサービスやプロダクトを勧めるのにかかる時間の総計であり、これがビジネスを大きく左右する。「たとえば、2日というサイクルタイムで20日経過すると、20,470人のユーザーを獲得したことになる」とスコックは述べる。「しかし、このサイクルタイムを2日から1日に半減させられれば、20日で2,000万人ものユーザーを獲得できることになる。サイクルは繰り返されれば繰り返されるほど、より効果があるということは論理に適っているが、実際にどれほどの効果があるのかということについてはあまり明白ではない」。

一時的に離れたとしても、再び日々サービスに戻ってくるユーザーの割合が増えれば、口コミのサイクルタイムによるユーザーの獲得は劇的に増大するが、これには2つの理由がある。まず、日常的にサービスを利用するユーザーはより頻繁にループを起こす（Facebookの写真の友人へのタグ付けなど）からだ。次に、日常的にサービスを利用するユーザーが増えることで、他ユーザーからの招待に反応して行動を起こすユーザーが増えるからだ。このサイクルによって一連のプロセスが継続するだけではなく、ユーザー間のつながりが強まり、サービスの利用が加速するのだ。

Sharpening the Competitive Edge
習慣は競争力を高める

ユーザーの習慣的な行動は、ビジネスにとって大きな利点となりうる。消費者行動を変化させるプロダクトは、他の企業になびきにくくなるからだ。

多くの経営陣が犯す失敗例とは、既存のプロダクトと比べて少しだけ優れたプロダクトを作り出すことだ。そうしたプロダクトを開発すれば、ユーザーが既存のプロダクトから自社のものに乗り換えてくれると予想して、そのようなプロダクトを売り出している。しかし、消費者の古い習慣を変えたいのであれば、そういった考えは甘い。より優れているプ

ロダクトが、必ずしも勝利するわけではない。とりわけ、多数のユーザーがすでに競合他社のプロダクトを使用している場合に、ユーザーの乗り換えを期待することは難しい。

ハーバード・ビジネス・スクールの経営学教授であるジョン・ゴービルの有名な論文には、こう記されている。「多くの新商品が成功しない理由はこうだ。企業は非合理的に新しい商品に価値を置くが、消費者は非合理的に古い商品に価値を置くからである[26]」。

ゴービルによれば、新規参入者がチャンスを狙いたいなら、ただ優れているだけではダメで、既存の9倍は優れていなければならない。なぜそれほどハードルが高いのか？ それは、古い習慣はなかなか変えられないため、新しいプロダクトやサービスが、ユーザーを古い習慣から引き離すだけの劇的な改善策を持ったものでなければならないからだ。新しいプロダクトを使う利点が明白でも、それによって行動を大きく変化させることは絶望的に難しいとゴービルは言う。

たとえば私がこの本を書くために使用している技術は、現在利用可能な他の技術に比べて劣っている。私が使っているQWERTYキーボードは、今や骨董品になってしまったタイプライター用に1870年代に最初に開発されたものだ。

QWERTYキーボードは、頻繁に使用される文字が離れて配置される作りになっている。このような配列には意味がある。タイピストがタイプライターで打つ際、金属のタイプバーが絡まってしまわないためである[27]。こうした物理的な制約は、確かに現代のデジタル時代には関係がないと言える。それでもなお、QWERTYはスタンダードなキーボードであり続けているのだ。

ちなみにオーガスト・ドヴォラック教授の作成したキーボード配列は、母音が中央列に配置されているため、タイピングの速度と正確性の向上

1. ハビット・ゾーン（習慣化された領域）

に役立つものであった。このドヴォラック簡易式キーボードは、1932年には特許を取得したにもかかわらず普及はせず、結果的にQWERTY配列のキーボードが生き残る形となった。なぜだろうか？

　それは、それまでのユーザーの習慣を変えるにはコストが高すぎたからである。人はキーボードにはじめて触れる時、餌をつつくニワトリのごとく、1本または2本の指を使ってキーを1つずつ押してみる。しかし何か月か実際に使えば、本能的にやり方を覚えてくる。意識的に努力をせずとも、自動的に指が動き、タイピングできるようになるのだ。そうして文字が脳からディスプレイへと自動的に入ってくるようになる。それを、馴染みのないキーボードに変えてしまうと、たとえそれがより効率的なキーボードであっても、再度タイピング方法を覚えるという手間がかかってしまう。

　後にChapter5で詳解するが、人は自分にとって習慣化されたプロダクトは価値あるものだと判断し、依存度を強める傾向にある。そのため別のプロダクトへの乗り換えを好まなくなるのだ。たとえばGoogleのGmailには、送信受信メールを上限なしで保存する機能があるので、ユーザーは過去のやりとりを無限に保管できる。Twitterは、フォロワーが増えるとそのユーザーの力が強くなり、メッセージを拡散する力が増す。Instagramは、ユーザーの記憶や体験がデジタル・スクラップブックに加えられていく。こうしたサービスを利用してしまうと、新たなメールサービスやSNS、画像共有システムに移行することは、以前のサービスを長く使っていれば使っているほど難しくなるのだ。これまで使っているサービスで蓄積した経験や記憶自体に移動不可能な価値が付与されているからこそ、新サービスへの乗り換えが難しくなる。

　つまり、ユーザーの習慣こそが投資利益率を増加させる要因となっている。習慣による顧客生涯価値の向上や値上げの自由度、急激な成長、競争力の強化、これらすべてが、企業の収益を劇的に増加させる要因となるのだ。

THE HABIT ZONE 1

★ ★ ★

Building the Mind Monopoly

ユーザーの心を掴む

　ユーザーの習慣は、それを生み出すことに成功した企業にとっては大きな意味を持つ。しかし、現状の行動を大きく変えさせるような新たなプロダクトやサービスは成功しづらい。長期間にわたりユーザーが習慣化してきた行動をうまく変えさせることは、かなり稀なことなのである。

　ユーザーの行動を変えたければ、それをうながすテクニックを理解する必要がある（たとえばユーザーがウェブサイトにはじめて訪れた時など）。ただし、それだけではなく、理想としては生涯にわたってその行動を続けるよう仕向けることも必要になる。

　習慣を作り上げることに成功した企業は、これまでのルールを一変させるような新たなプロダクトやサービスを提供していることが多い。しかし、何にでも言えることだが、人々が習慣を形成するにはルールがある。あるプロダクトは長らく愛用されているのに、あるプロダクトはすぐに廃れてしまう理由を考えなければならない。この理由の１つには、新たな行動は長続きしないことが挙げられる。

　というのも、私達は往々にして以前の思考方法や行動に戻ってしまう傾向にあるからだ。被験者の行動を観察した数々の実験の結果からも、これは明らかである[28]。会計用語で言えば、行動とはLIFO、つまり「Last In, First Out（後入先出）」である。ごく最近身についた習慣は、最初に離れていってしまう。

　この傾向からわかることは、人々は長期間習慣を変えないということだ。リハビリのプログラムを修了したアルコール依存症患者の３分の２にも上る人が、１年以内に再びお酒に手を出してしまう[29]。また、ある研究では、ダイエットに成功した人のほぼ全員が、２年以内にリバウ

1. ハビット・ゾーン（習慣化された領域）

ンドしてしまうことも示している[30]。古い習慣はなかなか変えられないのだ。

つまり、新たな習慣を形成することに対する最大の敵は過去の習慣だ。過去の習慣はなかなか根絶できないことは、研究によってすでに明らかになっている。神経路は私達の脳に深く刻まれているため、いくら日常生活のルーチンを変えたところで集中力が切れればすぐに再始動してしまう[31]。新たな習慣形成を要する新商品やビジネスを作り出そうとしている設計者にとって、これは難題である。

新たな行動を人々に根付かせるには、その行動を何度も起こさせなければならない。近年のユニヴァーシティ・カレッジ・ロンドンによる実験において、人々がいかに糸式ようじを使用する習慣を形成するかが明らかにされた[32]。この実験の研究結果では、新たな行動を起こす頻度が増えれば増えるほど、習慣は強固なものになっていくと結論付けられている。ようじの使用と同様に、（特に短期間で）プロダクトを頻繁に使用するようになれば、新たな習慣の形成が容易になるのだ。

調べものがある時にGoogleで検索するという行為も、頻繁に行うことによってユーザーの習慣が形成される一例である。Googleのサービスを利用している読者の中で、本当にGoogleによって自身の習慣が形成されているかどうかを調べたい方は、一度マイクロソフトのBingを使用してみてほしい。シークレットモードを用いた検索の利便性などを比べてもわかるように、BingとGoogleは類似のサービスを提供している[33]。Googleのエリート社員がより速いアルゴリズムを作り出せたとしても、それが他の検索エンジンと比べてどれほど速いかということは、ロボットやミスター・スポックぐらいしか見抜けないだろう。ミリ秒速いか遅いかという世界が、ユーザーをプロダクトにつなぎ止められるわけではない。

だというのに、なぜGoogleのユーザーはBingに乗り換えないのか

ということを考えてみよう。それは、習慣がユーザーをGoogleにつなぎ止めているからである。Googleのインターフェースに慣れたユーザーがBingに乗り換えようとすると、それは多大な苦労を伴う。Bingは多くの点でGoogleに似ているが、ピクセル単位の微妙な配置の差でさえ、ユーザーに新たな方法でサイトに向き合う必要を迫る。そのためGoogleのユーザーがBingのインターフェースを使用しようとすると検索に時間がかかり、技術的には差はないにもかかわらず、BingがGoogleよりも劣っているように感じてしまうのだ。

インターネット検索は、日々の生活の中で頻繁に行うものである。そのためGoogleでの検索が習慣化したユーザーの心の中では、Googleは唯一無二の存在であり続けるのだ。ユーザーはもはやGoogleで検索するかどうかを考えるまでもなく、Googleでの検索を行ってしまっている。さらにGoogleはトラッキング機能を使用してユーザーを特定することができるため、ユーザーの過去の検索履歴によって、検索結果をより個人に根差した正確なものにできる。これにより、ユーザーと検索エンジンとの結びつきはより強固なものになり、サービスの使用回数が多ければ多いほど、アルゴリズムは改善され、ユーザーはより頻繁にそのサービスを利用することになるのだ。この結果、習慣に基づいたユーザーの行動がサイクル化され、Googleの市場独占が成り立っているのだ[34]。

Habit as Strategy
戦略としての習慣化

前述の糸式ようじやGoogle検索といった頻度の高い習慣化はめったに起こらないものの、それでも行動は習慣化されることがある。頻度が少ない行動を習慣化するには、そのプロダクトやサービスを利用することで、大きな喜びが得られたり、痛みが回避できたりといった、極めてわかりやすい効能をユーザーに感じてもらわなければならない。

Amazonを例に考えてみよう。ワンストップで商品が購入できるサー

1. ハビット・ゾーン（習慣化された領域）

ビスに着目した世界的な通販サイトであるAmazonもまた、ユーザーの習慣を作り上げる能力に着目しているため、同社のサイト上で直接競合商品を販売し、広告を掲載している[35]。Amazonのサイトでは、購入予定の商品を価格が安いものから順番にリストで見ることができ、ワンクリックでその商品を掲載している企業から購入が可能だ。企業によっては、このようなやり方をとることが破綻しているように見えるかもしれないが、この方式は戦略的に採用されているものだ。

競合する各種企業からの広告を掲載することでAmazonは利益を出しているのだが、それだけではなく、他の企業のマーケティング費用を利用して消費者の習慣を生み出しているのである。Amazonは、「ユーザーの弱み」、すなわち「欲しい商品を見つけたいというユーザーの欲求」を解消するソリューションになるべく、模索を続けている。

Amazonは顧客の価格に対する関心を惹きつけることで、実際には自社が販売を行っているわけではないにも関わらず、顧客のロイヤリティや信用を獲得している。Amazonのこの戦略は、2003年の研究に裏付けられたものである。この研究では、競合する価格の情報を提示されると、インターネットショッピングを好む顧客が増加するということが明らかにされている[36]。自動車保険を扱う企業であるProgressiveも同様の戦略を採用している。Progressiveは、競合する価格情報を表示する戦略を採用する前は保険の年間の売り上げが34億ドルだったが、この戦略を採用して以降、年間150億ドル以上売り上げを伸ばしている。

Amazonは1つのサイト内で複数ショップの価格を比較することができるため、ユーザーにとって非常に使いやすいサイトとなっている。Amazonでの購入はGoogleでの検索ほど頻繁に起こるものではないかもしれないが、ユーザーの購買欲に適ったソリューションとして、確固たる地位を築いている。Amazonのように価格を比較しながらのネットショッピングはユーザーに受けがよく、Amazonユーザーは実際の店舗でショッピングをする際にも、モバイルのAmazonアプリで価格を

チェックし、実際の店舗の価格と比較しながら購入するのだ[37]。

In the Habit Zone
ハビット・ゾーン（習慣化された領域）

あるプロダクトやサービスにユーザーの習慣を形成するポテンシャルがあるかどうかを調べるためには、次の2点に着目するといい。第一に、「頻度（その行為がどれくらいの頻度で発生するか）」、そして第二に「使いやすさ（ユーザーにとってその行為をすることが、既存のソリューションと比べてどれほど便利で利点があるか）」である。

Googleでの検索は1日に何度も発生するものの、競合の検索エンジンであるBingと比べて格段に優れているというわけではない。逆に、Amazonの利用はそれほど頻繁に起こるものではないが、ユーザーにとってのAmazonは必要なものが何でも見つかる「何でも屋」であり、そこに価値を置いている[38]。

次ページの図1-01に示す通り、十分な頻度で発生し、使いやすい行為は「ハビット・ゾーン」に入っており、他と比べることなく無条件にその行為をするようになっている。頻度と使いやすさのいずれかが不足しており、行動が基準を下回っている場合には、期待する行為は習慣にはなりにくい。

グラフの線は下降しているものの、使いやすさの軸には達していないことに注目してほしい。頻度が足りないため習慣化しない行動も存在する。どれほど使いやすくても、頻繁に起こらない行動は意識的な行動の範疇に留まり、習慣の特徴である無意識の自動的な反応の範疇には入らないのである。しかし、別の軸を見ると、その行為をする利点が最低限のものであっても、頻繁に使用するがために習慣化している行動もある。このコンセプトは基礎論理なので、図中の目盛りは意図的に空欄にしてある。残念なことに、あらゆる行動を習慣に変えるような普遍的なタイ

ムスケールは未だ明らかにはなっていない。2010年の研究では、習慣化するのに数週間しかかからない行為もあれば、5か月もかかった行為もあることを明らかにしている[39]。研究者によれば、その行為の複雑さや、その人にとっての行為の重要度が、ルーチンの形成までにかかる時間に大きく影響しているとされている。

「十分な頻度というのはどれくらいの頻度のことを指すのか」という問いに対する答えはほとんどない。答えられたとしても職種や行為によって異なる。しかしながら、前述の糸式ようじの研究で言及されていたように、頻度は高いほどよいということは言える。習慣が形成されるようなプロダクトやサービスについて考えてみると、それは1日に複数回というわけではないにしても、日常的に利用されるものではないだろうか。それではここで、なぜそれほど習慣が形成されるようなプロダクトやサービスは、頻繁に利用されるのかを検討してみたい。

図 1-01 ハビット・ゾーンの概念

グラフの線が下降しているものの、使いやすさに触れていない理由は、使いやすくても利用頻度が足りなければ、習慣化しない行動もあるからだ。

Vitamins vs. Painkillers

ビタミン剤か鎮痛剤か

　新しいプロダクトやサービスを販売することは非常に困難である。現に挑戦する人のほとんどが失敗している。なぜか？ 企業の資金不足や販売のタイミングが早すぎた／遅すぎた、市場に需要のないものを販売してしまった、販売元が途中で諦めてしまったなど、様々な理由が考えられる。失敗に様々な理由があるように、成功にも同じく様々な要因がある。ただし、成功したプロダクトやサービスに共通する事柄が１つある。それは、そのプロダクトやサービスが問題に対するソリューションを提供しているということだ。簡単なことのように聞こえるかもしれないが、新しいプロダクトがどのような問題に対してソリューションを与えるものかということについて、多くの議論が交わされている。

「あなたが作ろうとしているのはビタミン剤か？ それとも鎮痛剤か？」

　しばしば投資家は、最初のベンチャーキャピタルからゲットした小切手を現金化したくてたまらない経営者に対して、このような質問を投げかける。ほとんどの投資家の考えからすれば、正しい回答とは後者の鎮痛剤だ。イノベーターや経営者は、企業の規模に関わらず、（投資家に対して）、開発にかけた時間と費用に見合うメリットを証明するように常に求められる。投資家や経営陣といったゲートキーパー（門番）的存在の人達は、現実問題を解決するようなプロダクト、あるいは直近のニーズを解消するようなプロダクトに投資したいと考えている。そのため、鎮痛剤を欲するのだ。

　鎮痛剤は、痛みを和らげたいというニーズを解消するものであり、大量生産が可能である。タイレノールを思い浮かべてほしい。タイレノールはアセトアミノフェンを商品化した鎮痛剤で定評がある。この商品は直近の痛みをインスタントに取り除く薬とも言える。そんな鎮痛剤に、

1. ハビット・ゾーン（習慣化された領域）

人は喜んで出費する。

　これに対してビタミン剤は、必ずしも痛みを取り除くわけではない。機能面でニーズを満たすというより、むしろ消費者の感情面に作用するのである。毎朝マルチビタミンを摂取していても、それが実際に私達の身体を健康にしてくれているのかどうかはよくわからない。近年の研究によれば、マルチビタミンの摂取はマイナスの影響のほうが多いという[40]。

　それでも、私達は気にせずビタミン剤を摂取している。ビタミン剤は効果を期待して摂取するのではなく、いわば自分が「身体によいとされる行為」を行っていると確認するために摂取するようなものであり、物理的な効能よりも心理的な作用のために行っている。実際どれほどの効果があるかが不明にも関わらず、ビタミン剤を摂取し、「身体のために何かしらよいことをしている」と思うことが私達に満足感を与えているのだ。

　摂取することで痛みを取り除く鎮痛剤とは異なり、ビタミン剤の場合は摂取しなかったとしても大して問題にはならない。たとえば休暇中に摂取しなかったとしても、特に問題は起きないのである。それでは、ビタミン剤ではなく鎮痛剤に投資すべきという経営陣や投資家の判断は、戦略として正しいと言えるだろうか？
　いや、実はそうとも言えない。

　Facebook、Twitter、Instagram、Pinterestといった、有名な消費者向けのテクノロジーを例に考えてみよう。これらのツールが販売しているのはビタミン剤なのか、それとも鎮痛剤なのだろうか？　ほとんどの人は、「ビタミン剤だ」と答えるだろう。なぜならユーザーはおそらく手軽に社会的承認を得たいがゆえにこれらのツールを使用しているのであり、特に重要な事柄のために使用しているわけではないと考えるからだ。では、これらのサービスを使用する以前に戻って考えてみよう。夜

THE HABIT ZONE 1

中にわざわざ起きてきて、「更新するために何かしなきゃ！」なんてつぶやく人はいなかったはずだ。だが、様々なサービスは私達の日常生活の一部になるまで、自分が欲していたものだったということに気がつかない。前述のサービスが果たしてビタミン剤か鎮痛剤かという疑問を解決する前に、まず考えてみてほしいことがある。それは、習慣とはその行為をしないと多少なりとも痛みを伴うものだという点だ。

私達が今ここで話題にしている事柄と、ビジネススクールやマーケティング関連の書籍によく出てくる「痛み」という単語と同じというのは、いくぶん大げさだ。そう考えると、「痛み」よりも「痒み」に近いものであると言えよう。痒みは精神を支配し、解消されるまで不快感を引き起こす。習慣化をうながすプロダクトは、単に安心感を与えるために存在する。この痒みを解消するようなテクノロジーや商品を使用することで、即座に安心感が得られ、痒みを無視することができるようになるのだ。そして、プロダクトに依存するようになれば、それ以外に安心感を満たしてくれるものはなくなる。

習慣を形成するテクノロジーがビタミン剤か鎮痛剤かという問いに対する私の答えは、いずれも当てはまるというものだ。こうしたサービスは、最初はあると嬉しいビタミン剤のように見えるのだが、このサービスが習慣化されることで、持続的に痛みを和らげる鎮痛剤のような効果を伴うようになる。

喜びを求め、痛みを回避することは、生物にとって生きる上で重要な2つの要素である。よって、不快な時は不快感を取り除く方法を探すのだ。Chapter2では感情（多くの場合にはネガティブな感情）こそが、ユーザーがソリューションを求める契機となる仕組みについて考察する。だがここで覚えておいてほしいのは、習慣的なプロダクトやサービスはユーザーの心と関連を持っており、そのプロダクトを使用することでユーザーの痛みが取り除かれるという作用を持ち得るということだ。

Chapter8 では人の心を支配し、操作することのモラルについて論じる。ここで注意していただきたいのは、習慣は中毒とは異なるが、これを混同している人が多いということだ。中毒とは、ある行動や物質に対して有無を言わさず依存してしまうことであり、なかなか取り去ることはできない。中毒とは自滅的なものだ。中毒性を意図的に作り出してそれを維持し、ユーザーを傷つけるというのは無責任な行為である。

習慣はそれとは異なり、人々の生活によい影響を与えうる行為である。健康的な習慣もあれば不健康な習慣もあるが、日々習慣になっている行為には誰にとっても役立つものが1つ2つある。たとえば歯磨きや入浴、他者に「ありがとう」と感謝の気持ちを述べることなどがそうだ。私の場合には、夕方のジョギングで「おはようございます」と言うことが当てはまる。これらはほとんど考えない、あるいは無意識でする行為である。それが習慣なのだ。

★ ★ ★

Diving Into The Hook Model
フック・モデルに飛び込もう

ポジティブなユーザーの習慣を創出することについてさらに学びたい人は、フック・モデルをきちんと理解するのがよい。フック・モデルというのは、ユーザーの抱える問題と読者の皆さんの提供するソリューションとを結びつける習慣を形成するための方法で、シンプルでありながら大きな影響力を持つものだ。

次章以降では、フック・モデルを段階的に読み解く。その中で、読者の皆さんがプロダクトやサービスを設計する際に役立つ事柄について触れる。心の働きに関するいくつかの基礎を学ぶことで、理に適った商品を早く製作することができるようになるだろう。

ユーザーがフック・モデルの4つのステップ（トリガー、アクション、リワード、インベストメント）を経ることで、「フック」は習慣を形成

するのだ。

★ ★ ★
REMEMBER AND SHARE
リメンバー・アンド・シェア

◎ある種のビジネスにとっては、プロダクトの習慣化（forming habits）は、成功の必須要素となる（もちろん、すべてのビジネスにとって必要、というわけではないが）

◎根強い習慣を形成することによって、顧客生涯価値の向上、価格設定の自由度の増加、大きな成長、競争力の強化といったビジネス上の利点が生み出される

◎習慣は、十分な頻度（enough frequency）と目に見えた使いやすさ（perceived utility）とともに行動が生み出される状況、つまり、ハビット・ゾーン（習慣化された領域）から生まれる

◎習慣的なプロダクトは「あったら嬉しいもの（ビタミン剤）」から始まり、やがて、「なくてはならないもの（鎮痛剤）」になる

◎習慣的なプロダクトは、「痒いところ」を解消することで、ユーザーのストレスを緩和する

◎習慣的なプロダクトをデザインするには、いろいろなしかけを施していくことが必要だ。自分のアイデアを試しながら、ユーザーを惹きつけるコツを発見し、（不健康な中毒ではなく）好ましい習慣を生み出そう（詳しくはChapter8で）

★ ★ ★

Do This Now
今すぐやってみよう

　習慣化をうながすプロダクトやサービスを作りたい人は、次の問いに答えてほしい。

- **Q** あなたのビジネスモデルでは、どのような習慣が必要だろうか？

- **Q** ユーザーは、あなたのプロダクトでどのような問題を解決しようとしているのだろう？

- **Q** 現状、ユーザーはどのように問題を解決しているのか？ なぜ新たなソリューション（あなたのソリューション）が必要なのだろう？

- **Q** あなたのプロダクトをユーザーが使用する頻度は？

- **Q** あなたが習慣化したいのは、ユーザーの行動のどの部分だろう？

2

TRIGGER

トリガー（きっかけ）

Hooked:
How to Build Habit-Forming Products
By Nir Eyal

Trigger
トリガー（きっかけ）

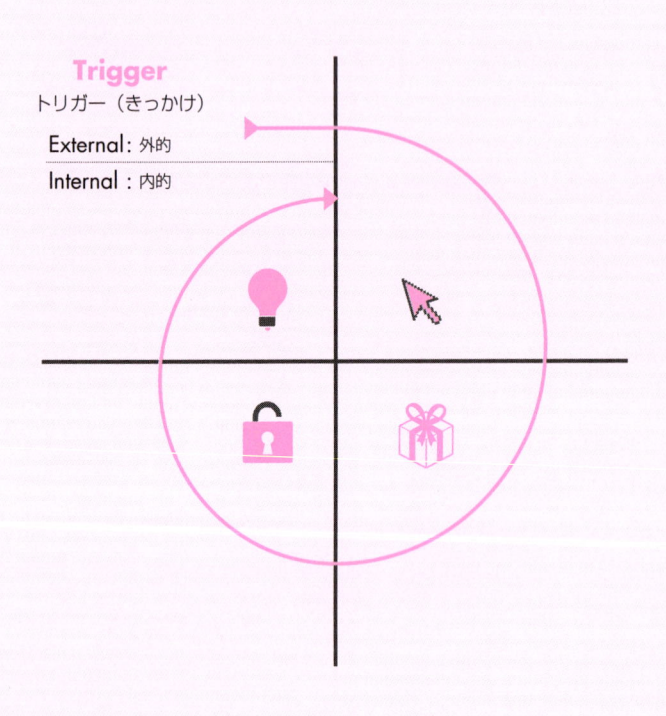

External: 外的
Internal : 内的

TRIGGER 2

　パロアルトに住む20代半ばの女性のイン（Yin＝仮名）は、スタンフォード大学生だ。彼女は、名門校の学生ならではの気品と落ち着きを兼ね備えているが、四六時中、とある習慣から抜け出せないでいる。画像共有サービスのInstagramの虜になってしまい、自分ではどうすることもできないのだ。

　2012年に10億ドルでFacebookに買収された写真や動画共有サイトが、彼女や世界中の1.5億人ものユーザーの心をすっかりと魅了してしまった[41]。FacebookによるInstagramの買収は、習慣を形成するテクノロジーが増大していることや、それが生み出す莫大な富を市場に知らしめた。言うまでもなくInstagramの買収価格は、企業間の買収合戦の噂のような様々な要素により操作がなされたと言う[42]。しかし、この買収劇の核心は、Instagramのように技術だけではなく心理学にも長けている企業が、ユーザーにとって後々日課の一部となるような、習慣的なプロダクトの持つ力を公に呈したということにある[43]。

　インは、毎日のようにアプリを使用して1日に何十枚もの写真を撮ってアップしていることをわかってはいるが、自分が夢中になり過ぎていることはまるで自覚していない。「だって楽しいじゃない」彼女は、1970年代後半に撮られたかのような雰囲気を醸し出す写真の最新コレクションを見ながらそうつぶやいた。「何の問題もないわ。心に訴えかけるような素敵なものを見かけた時に写真を撮っているだけ。だって、消えちゃう前に撮らないとダメって思うの」。

　何が彼女のInstagramへの習慣を作り出したのだろうか？　一見、非常にシンプルなアプリが彼女の生活にとって、これほど重要な存在になぜなり得たのだろうか？　私達も追って理解を深めていこう。インのような習慣は自然に作り出されるものだが、その習慣を作り出すための連鎖反応は、常に何らかのトリガーが引き起こすのだ。

2. トリガー（きっかけ）

Habits are not Created, They are Built Upon
習慣は作り出すものではなく、積み重ねである

習慣は真珠によく似ている。牡蠣のような真珠貝は、真珠層と呼ばれる真珠母の上に幾重にも層を重ねていき、数年という歳月をかけて滑らかで光り輝く天然の真珠を作り出す。そうは言っても、真珠母が層を成して真珠を作り出すのはなぜだろうか？ それは、細かい砂や厄介な寄生生物といった小さな刺激物の侵入がきっかけとなり、真珠貝の機能として体内への侵入物を輝くコーティングの層で包み込んでしまうからだ。

これと同じように、新しい習慣は、それを支えるための仕組みが必要だ。トリガーは、持続的な行動の変化に必要となる仕組みを与えるものだ。

少しあなたの生活を振り返ってみよう。今朝目を覚ました理由を覚えているだろうか？ 歯を磨いた理由は何だろうか？ なぜ、この本を読む気になったのだろうか？

たとえばトリガーは、「目覚まし時計」などの明らかな「きっかけ」が多いが、中には、輪郭がぼんやりとした捉えどころのないものもある。私達の日々の行動には明らかではない、潜在的なきっかけが影響することもある。トリガーとは、行動を駆り立てるきっかけで、いわば真珠を作り出す真珠貝の中の砂と同じく、私達が気付いていようがなかろうが、行動を起こすための原動力となるものだ。

トリガーには内的トリガーと外的トリガーの2種類がある。

External Triggers
外的トリガーとは

習慣を作り出すテクノロジーは、まず、コール・トゥ・アクション（ユーザーの行動を誘発するしかけ）を使って、ユーザーの行動を変えること

から始める。このような感覚的な刺激は、私達の周りに無数に存在しているものだが、中でも外的トリガーにはユーザーに次にとってほしい行為が情報としてすでに埋め込まれている。

　外的トリガーは、ユーザーが次にとるべき行動を指示することがあり、それは時に誰の目から見ても明らかなものとなる。たとえば、図2-01に示したコカ・コーラの自動販売機には、どのような外的トリガーが見つけられるだろうか？

　歓迎ムードを醸し出している写真の男性は、コーラをあなたに勧めている。そして、イメージの下にある「喉が渇いているんだろう（Thirsty）？」という問いは、写真の男性とともに、「自動販売機にお金を入れてジュースを買う」という、消費者に次にとってほしい行動を

図 2-01　誘いかける自動販売機

自動販売機の正面にある写真は、あなたにお金を入れて
ジュースを買ってほしいと誘いかけている。

055

誘いかけているのだ。

　次に、ウェブサイトの外的トリガーを見てみよう。たとえば、図2-02の個人向け資産管理サービスのMint.comから送られてきたeメールには、「Mintにログインしてください（Log in to Mint）」という誘いが、大きく目立つオレンジ色で表示される。要は、目立つボタンを外的トリガーとしているのだ。このボタンはeメールを読んだ後にとるべき行動について明確な指示を与えている。「表示されているボタンをクリックしてください」と。

　Mintからのeメールというのが、どれだけユーザーの目を惹き、明確な意図を織り込んでいるのかを理解いただけただろうか。この企業のウェブサイトやメールマガジンなどでは、銀行口座の残高やクレジット

図 2-02　ウェブサイトにおける行動の指示

ボタンに書かれた文言は、ユーザーにとってほしい
行動の明確な指示である。

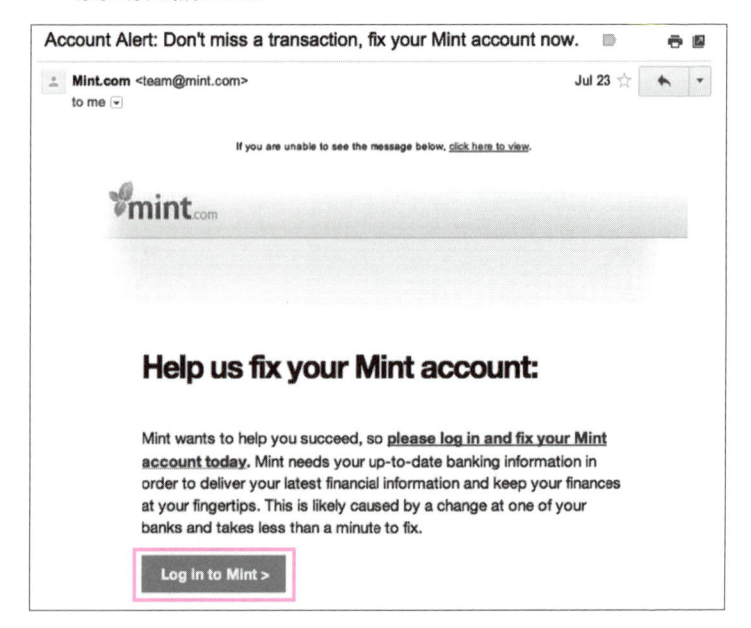

カードの取引状況のチェックや、貯金額の目標金額決定をうながすといった、多岐にわたるトリガーを盛り込んでいる。しかし、このeメールは銀行口座に関する重要な警告なので、Mintはすべてを1回のクリックに短縮したのだ。ログインして、ご自身の口座を見直してくださいと。

選択の自由度を上げると、ユーザーに複数の選択肢を提示できる。しかし、あまりにも多すぎる選択肢や、さほど重要ではない選択肢を連ねると、ユーザーに対して戸惑いや混乱を与えることになり、結果としてユーザーが投げやりになってしまう可能性が出てくる[44]。つまり、Mintは次の行動を考える時間を短縮することで、無意識に望まれる行動が起こる可能性を増やしたのだ。次の章では、この無意識に望まれる行動を取らせるにはどうすればよいのかを、より詳しく掘り下げる。

コカ・コーラの自動販売機とMintのeメールは、誰が見てもすぐにわかる外的トリガーの参考例だ。そして、外的トリガーは、ユーザーにとってほしい次の行動が何かということを潜在的に伝えるものだ。たとえば、ウェブサイトのリンクはクリックをするもので、アプリのアイコンはタップするものだと多くの人が認識している。これらの目に見える外的トリガーの目的は、ユーザーの行動をうながすことだ。インターフェースのデザインがわかりやすければ、どのように使用するのかをユーザーに伝える必要性もない。なぜかと言うと、その情報はすでに組み込まれているからだ。

Types of External Triggers
外的トリガーの種類

次に挙げる4種類の外的トリガーを用いると、企業はユーザーに望ましい行動を取らせることができるだろう。

2. トリガー（きっかけ）

1. Paid Triggers

①有償（Paid）トリガーとは

　広告や検索エンジン連動マーケティング、その他の有料チャネルは、一般的にユーザーの注目を集め、ユーザーの行動をうながすために利用される。このような有償トリガーは効果的だが、ユーザーをつなぎ止めるのに使うには費用が高すぎる。そのため、習慣的なプロダクトを作り出す企業は、有料トリガーの長期間利用を避ける傾向がある。FacebookやTwitterが、自分達のサービスに再度ログインするようにうながす広告を作り続けることを想像してみよう。そのようなことをしたら、FacebookもTwitterもたちまち倒産してしまうだろう。

　また、大多数のビジネスモデルは、既存ユーザーをつなぎ止めるための費用を払い続けられない。そのため、一般的に有料トリガーは新規ユーザーを獲得するために利用され、既存ユーザーに再び戻ってきてもらうには別のトリガーを用いることが多い。

2. Earned Triggers

②名声（Earned）トリガーとは

　名声トリガーは、名声そのものが直接購入できるものではないのでコストはかからないが、多くの場合はPRやメディアでの露出といった時間の投資が必要になる。好意的な記事を載せてもらったり、巷で話題のバイラルCMになったり、アプリのダウンロードサイトでプロダクトが特集されることは、ユーザーの注目を集める非常に有効な手段だ。これらの手段により、アプリのダウンロードが増えたり、売り上げが急上昇したりするのは長期的な成功のサインだとする向きの企業もある。しかし、実際のところ、名声トリガーで消費者の高い注目を作り出したとしても、それは短命に終わる。

　名声トリガーで継続的にユーザーの心を惹きつけるには、常に自社のプロダクトをユーザーの関心の的からはずれないようにする努力が必要

058

だ。これは、非常に困難を極め、予測不能の課題である。

3. Relationship Triggers
③口コミ（Relationship）トリガーとは

　プロダクトやサービスを伝える際、人の存在は非常に効果的な外的トリガーになる。Facebookの「興味、関心ごと」といったネット上での紹介はもちろん、昔ながらの友人や家族がプロダクトを口コミで推薦することも、テクノロジー普及のためには重要な要素である。

　口コミトリガーは、起業家や投資家の好奇心をウイルスが増殖するがごとくの速度で掻き立てることがある。そもそも人は、自分が素敵だと思うことを互いに教え合うのを好むものだ。時に口コミトリガーは、プロダクトの成長をググッと後押しする。

　口コミトリガーの例を挙げてみよう。1990年代後半におけるPayPalの爆発的な成功がその一例だ[45]。PayPalは、ユーザーが一度でもオンラインでお金を送ると、そのサービスが持つ価値の魅力に気付くということを知っていたそうだ。オンライン上で送金できるという利便性は、口座を開設するのに十分な動機になる。PayPalは、その利便性を背景に一般社会に広く普及したのだ。

　しかし、残念なことに、いわゆる「ダークパターン」と呼ばれる、同義に反した悪どい方法を用いて、バイラルループや口コミトリガーを悪用する企業も実在する。設計者が故意にユーザーをだまして友人を招待させるようにしたり、ソーシャルネットワークに自社のメッセージを拡散させるようにしたりすると、それが初期成長に見えることがあったとしても、最終的にはユーザーの好意や信用といった社会的な価値を代償として失うことになる。一般的に、人はだまされたことに気付くと、すっかり失望したことを口にしながら、そのプロダクトを二度と利用しなくなる。口コミトリガーとは、友人や家族と共有することが熱望されるよ

うなプロダクトのメリットをしっかりとユーザーに定着させるための基礎を作り上げることだ。

4. Owned Triggers
④自己（Owned）トリガーとは

　自己トリガーは、ユーザーの周りの環境に実在する「もの」の一部分を使う。日常生活で絶え間なく現れることで、最終的にユーザー自身がそのトリガーの表示を選択させる。

　たとえば、ユーザーのスマホ画面に表示されるアプリのアイコンや、登録した情報のeメールなど、ユーザーが登録したアプリからの通知のことだ。トリガーを設定する企業は、これらの受信をユーザーが許可する限り、ユーザーの注意を惹き続けられる。

　自己トリガーは、アカウントにサインアップしたユーザーが、eメールアドレスを送信したり、アプリをインストールしてから情報の受信を選択したりする時に設定される。また、ユーザーが継続して情報を受け取りたいと希望すると表示されるものもある。

　有償トリガーや名声トリガー、口コミトリガーは、新規ユーザーの獲得をうながすものだが、自己トリガーは習慣が形成されるまで継続してつながりを作り続けるものになる。ユーザーの了解を必要とする自己トリガーなしに、ユーザーの行動を変化させるきっかけを与えることは難しい。

★ ★ ★

　とはいえ、外的トリガーは単なる始めの一歩に過ぎない。すべての外的トリガーの最終目標は、フック・モデルにユーザーを引き込むことだ。その一連のサイクルの後に、追い打ちをかけて刺激を与えるような外的トリガーは不要だ。ひとたびユーザーが習慣を作り上げると、異なる種

類のトリガーがきっかけを与えだす。これを内的トリガーと呼ぶ。

Internal Triggers
内的トリガーとは

　ユーザーの考えや感情、日課などとプロダクトがしっかりと連結する際は、内的なトリガーが利用される。目覚まし時計や、ウェブサイトの「今すぐログインしてください」ボタンのような、感覚の刺激を利用する外的トリガーとは異なり、内的トリガーは自動的に心に現れるもので、見ることも、触れることも、ましてや聞くこともできない。内的トリガーとプロダクトとが結びつくことは、消費者向けテクノロジーにおける成功を意味する。

　Instagramを使う習慣がある若い女性のインは、大好きな写真アプリから発せられる内的トリガーのきっかけを受け取り、予想されている行動を生み出し続ける。アプリに対して繰り返して行われた調整により、インの周りにある写真として残したいものと、彼女が常に行動を共にするスマートフォンのアプリとがしっかりと結びついたからだ。

　とりわけてネガティブな感情は、力強い内的トリガーとなり、私達の日々の日課に大きな影響を与える。退屈、孤独、失望、混乱や優柔不断などの感情は、時に軽い苦悩やもどかしさを駆り立てる。こういったネガティブな感情を鎮めるためには、人は突発的な行動や、やみくもな行動をとることがある。インの例に戻ると、彼女は、特別な一瞬が消え失せてしまうという不安を抱く際はいつもInstagramを使う。

　彼女の不快な感覚は比較的に軽いものであるかもしれない。また、彼女の不安は、自覚できる感覚の奥深くにあるものかもしれない。そして、核心はそこにある。そもそも私達は生活の中に小さなストレスを無数に抱えている。絶え間なく降りかかる問題に対して、常に無意識ながらも習慣的に反応しているのだ。

2. トリガー（きっかけ）

　ポジティブな感情も内的トリガーとなりうる。たとえば、自分の周りにある厄介ごとを解消した際に湧き上がる感情はポジティブなものだが、これが内的トリガーとなるのだ。結局のところ、プロダクトは問題の解決策を見つけるために利用される。つまり、楽しみたいという欲求は、退屈な時間をなんとかやり過ごしたいからかもしれない。よい知らせを共有したいという欲求は、よく考えてみると、人とのつながりを維持したいからかもしれない。

　設計者の最終目標は、そのプロダクトがユーザーの問題を解決できるものにすることだ。つまり、設計者が行うべきは、ユーザーの痒いところをかいてやるということである。ユーザーがそのプロダクトを使うとストレスを緩和することに気がつき、使い続けてくれれば、時間の経過とともにそのプロダクトとユーザーとのつながりが強まり、関係が形作られる。まるで、真珠貝の中の真珠母の周りに幾重にも重なる層のように。すると、プロダクトとそれを必要とするユーザーとの間に、満足感が生まれる。ユーザーがプロダクトに救いを求めるたびに内的トリガーを体験することになり、つながりはやがて習慣に変わるのだ。

　ミズーリ工科大学の研究では、科学技術がどのようにしてユーザーの問題を解決し、心理的な安心感となるのかを検証した[46]。2011年の1年間、研究者達は、216名の学部生有志からなる被験者達を匿名化し、彼らのインターネットの閲覧履歴を追跡した。被験者達が使用したサイトの頻度と、ネット上での動向を入念に調べ上げたのだ。

　研究の終盤で研究者達は、被験者達のうち、抑うつの症状の治療を大学の保健センターで受けた学生のデータを匿名で比較している。「私達は、ネット利用と抑うつに相関性のある特徴を識別した」と、著者の1人であるスリラム・チェラッパンが研究論文に記した[47]。「たとえば、抑うつ症状を持つ学生は、eメールの使用頻度が非常に高い傾向にある。また、動画やゲーム、チャットなどに費やす時間の増加も抑うつ症状を

持つ学生のネット上における行動の特徴として挙げられる」。

この研究は、抑うつ症状に悩む人がインターネットを長時間にわたって使用することを実証した。しかし、これはいったいどういうことなのだろうか？ ある仮説によれば、抑うつ症状を抱えている人は、一般の人よりも頻繁にネガティブな感情に襲われるが、そのたびにインターネットを使い、不安を安心感に変えているという。

自分の感情が行動を起こすきっかけになると考えた場合、いったいどんな内的トリガーに対して、どんな反応を返すことになるだろうか？

退屈だと感じた時に、一般的に人は刺激や、目を惹くようなニュースの見出しといった変化を求める。それとは逆に、ストレスを多く抱え込んでしまった時は、Pinterestのようなサイトを見て安らぎを求める。そして、孤独感に苛まれる時には、FacebookやTwitterが人とのつながりをすぐに与えてくれる。

自分でも捉えどころのない嫌な感覚を払拭するには、Googleをクリックするだけでいい。習慣的なプロダクトの根源とも言えるeメールは、誰かが自分を必要としているという、自分の存在価値を確認できる。このようなプロダクトは、私達が日常的に抱える苦悩を解決してくれる心のよりどころとなり、人生の中で必ず出くわす平凡な時間から逃避する術を与えてくれる。

いったんプロダクトにハマってしまえば、プロダクトを使い続ける上で必ずしも明確なコール・トゥ・アクションは必要とされない。その代わりに、望しい行動を引き起こす感情に対して、プロダクトが自動的に反応することが求められる。このような内的トリガーに重点を置くプロダクトは、ユーザーに瞬間的な安らぎを与える。

そのプロダクトが問題の解決策としてユーザーとつながりを持つと、

そのつながりは企業に収益を運んでくれる。この状態になれば、もはや外的トリガーを利用する必要はない。

　内的トリガーの場合、次に何をするべきかといった情報は、ユーザーの記憶と関連付けてコード化されている。

　しかし、内的トリガーとプロダクトとのつながりは一晩で築けるようなものではない。何週間、何か月といった歳月を経て、内的トリガーが頻繁に使用されることがつながりを作り上げる。新しい習慣は、外的トリガーによって引き起こされるが、その一方で、内的トリガーとのつながりを築くには、そのプロダクトの何がユーザーを虜にしているかを知る必要がある。

　インがInstagramを利用する理由として語った、「心に訴えかけるような素敵なものを見かけた時に写真を撮っているだけ」は、ユーザーのニーズを把握するためのカギとなる。Instagramはユーザーを外的トリガーから内的トリガーに誘導したことで、人々の生活の中に習慣を作り上げた。インにとって、残しておく価値のある瞬間を残したいというニーズを、瞬時に解決するのがInstagramなのだ。インがアプリを使用するのに、外部トリガーは必要ない。というのも、彼女にとっては、内部トリガー自身が外部トリガーでもあるからだ。

Building for Triggers

きっかけを作り上げる

　習慣をうまく作り上げたプロダクトは、特定の感覚をプロダクトが引き受けることでユーザーのストレスを和らげる。これを実行するには、そのプロダクトの内的トリガーが何なのかを設計者がしっかりと把握しておかなくてはならない。すなわち、ユーザーが解決しようと模索している苦悩は何かを知るということだ。しかし、ユーザーの内的なトリガーは、単なる調査として集めたユーザーの声に耳を傾けてもわからない。

むしろ、ユーザーとはいったい何者なのかということを見つめ直した上で、ユーザーの気持ちを掘り下げることが必要だ。

　習慣的なプロダクトの最終目標は、そのプロダクトとユーザーとのつながりを築き、ユーザーの悩みを解決することだ。ユーザーの悩みを解決できるのなら、そのプロダクトやサービスは、ユーザーに安心を与えてくれるものになる。

　そのための第一歩はプロダクトの特徴に注目するのではなく、ユーザーの感情に寄り添い、特定の不満や苦悩を探り当てることだ。しかし、どうすればユーザーの苦悩の根源を明らかにできるのだろうか。これを実施するのに最適なものがある。それは、すでに習慣を作り上げているプロダクトに隠された、様々な成功の要因を明らかにすることだ。決して真似をしろと言っているわけではない。成功したプロダクトが、ユーザーが抱えている問題をどうやって解決したのかを理解すべきなのだ。このような分析がユーザーの深層心理を読み解く訓練にもなり、また、人の心理的欲求や欲望に警鐘を鳴らしてくれることになるであろう。BloggerやTwitterの共同設立者であるエヴァン・ウィリアムズは、インターネットについて「ユーザーが欲しがっているものを与えるために作られた巨大な機械」[48]だと言っている。そして、「時に私達は、インターネットが新しいことを実現できると思ってしまう。しかし、人というのはいつもやっていることを、いつも同じようにやりたいだけなのだ」と続ける。

　このような「いつもやっていることを、いつも同じようにやりたい」というニーズは、時代を超えて万国共通なものだ。しかし、人は自分のどういった感情が、実際に行動を起こさせるものなのかはわからないために、ユーザーと会話しただけでは、感情を特定できない。人はそういった観点で物事を考えない。たとえば、自分の好みはこれだと宣言しているにも変わらず、実際にとった行動はその宣言した好みとかけ離れているというのはよくある話だ。

　『Just Enough Research（ちょうどよい研究）』の著者であるエリカ・

2. トリガー（きっかけ）

ホールは、「人というのは往々にして、自分がやりたいと思っていること（例：映画並みの品質でホームムービーを制作）ではないことを、実際はやってしまう（例：猫動画の視聴）ものです。この矛盾した行動に調査の焦点を合わせれば、答えを見つけられる可能性が広がるのです」[49]と語る。矛盾点を探せば、そこに好機が見えてくる。なぜ人はSMSでメッセージを送るのか？ なぜ写真を撮るのか？ テレビを見たり、スポーツ観戦をしたりすることが、人生においてどのような役割を担っているのか？ このような習慣がどのような苦悩を解決してくれるのだろうか？ また、ユーザーはこれらの行動の直前にどのような感情を抱いているのだろうか？ というように、人間の行動における矛盾点に焦点を当てながら、自問してみるとよい。

ではユーザーは、いったいどんな解決策を望んでいるのだろうか？ ユーザーは、いつどこでその解決策を試したいのだろうか？ どのような感情が解決策を使いたいという気持ちに影響し、行動を起こすためのきっかけになるのだろうか？

Twitterやクレジットカード決済システムのSquareの共同設立者であるジャック・ドーシーは、このような質問に対して「もし、大衆を対象としたプロダクトを作りたいのであれば、自分自身がユーザーの立場になり、ユーザーの視点から物語を書かなくてはならないだろう。だからこそ、私達はじっくりと時間をかけてユーザー・ナラティブ（語り）と呼ばれるものを書き上げている」[50]と答えている。

また、ユーザー・ナラティブについても、「たとえば、『彼はシカゴの中心部に住んでいて、彼と友人は喫茶店に出掛ける……』というように、『彼』がこれから体験することを、お芝居の脚本のように作ることだ。もし、言葉を失うぐらいに素敵な物語になれば、プロダクトに関する作業の優先順位付けやデザインなどについての落としどころは自然と決まる。なぜなら物語は、エンジニアやデザイナー、オペレーターなど、組織においてそのビジネスと関わるすべての人が参加できるように編集が

できるからだ」と説明を加えている。

　ドーシーは適切な解決策を作り上げるために、ユーザーの欲求や感情、プロダクトを利用する背景などは率先して取り上げられるべきであり、それによってはっきりとしたユーザー像が描き出されると確信を持って語る。なお、ユーザー・ナラティブに加えて、顧客開発（customer development）[51]やユーザビリティ調査、共感マップ（empathy maps）[52]などのツールも、潜在的なユーザーについて理解を深める手段になるだろう。

　さらに、ある感情に到達するまで、「なぜ」という問いかけを何度も繰り返すことも方法の1つだ。多くの場合は、5回「なぜ」を繰り返すと問題の答えにたどり着くと言われている。これは「なぜなぜ分析（なぜなぜ5回）」として、トヨタ自動車の元副社長、大野耐一が体系化したトヨタ生産方式で採用されているテクニックである。大野は「トヨタの科学的なアプローチの基礎であり、5回『なぜ』を繰り返すと問題の本質やその解決策が明確になる」という言葉を遺している[53]。

　人が習慣的なプロダクトを使うようになる理由は、間違いなく内的トリガーにある。そして「なぜ」という問いかけは、核心を突く手助けをしてくれるのだ。

　たとえば、私達が「eメール」という工夫を凝らした真新しい技術を開発しているとしよう。その対象となるユーザーは、ジュリーという名前の多忙を極める中間管理職の女性だ。私達のユーザーであるジュリーの詳細な物語は、以下に挙げる一連の「なぜ」が解決する役割を果たしてくれる。

なぜ1：なぜジュリーはeメールを使いたいのか？
答え：　メッセージを送受信したいから。
なぜ2：なぜそうする必要があるのか？

答え：　情報を早く受信して共有したいから。
なぜ3：なぜそうしたいのか？
答え：　同僚、友人や家族の近況を知りたいから。
なぜ4：なぜそれを知る必要があるのか？
答え：　自分を必要としている人がいるのかを知りたいから。
なぜ5：なぜそのようなことを気にするのか？
答え：　蚊帳の外にいるのはイヤだから。

　私達は不安が強い内的トリガーであるという、重要な情報を掴んだ！つまり、解決策としてジュリーの不安を和らげる手助けをするプロダクトを作り出せばよいということだ。言うまでもなく、取り上げる人物やユーザー・ナラティブを変えて、再び「なぜ」に沿って仮説を作ると、まったく別の解決策にたどり着くこともあるだろう。そして、ユーザーの潜在的なニーズを正確に理解することなしに、プロダクトに対する要求事項を知ることはできないということがわかるはずだ。

　ジュリーの内的トリガーを理解したことで、今や彼女の不安を解決するプロダクトはどういったものなのかという分析は、次のステップに進むとわかることになる。

Unpacking Instagram's Triggers
Instagram のトリガーを紐解く

　Instagram に成功をもたらした要素は、いったい何だったのだろう。また、どのようにして何百万人ものユーザーが毎日のように Instagram を利用するに至ったのだろうか。その理由は、Instagram がユーザーのトリガーを理解する能力に長けていたからだ。インのような人にとって、Instagram は感情やひらめきをこっそりと蓄えておく場所であり、バーチャル上のメモでもある。

　インが Instagram を習慣的に利用するようになったきっかけを作っ

たのは、ある友人の紹介という外部トリガーだ。インはヘビーユーザーになるまで、数週間にわたってInstagramを利用していたという。

　彼女は写真を撮るたびに、その写真をFacebookやTwitterでシェアしている。ところで、はじめてInstagramの写真を見た時のことを覚えているだろうか。それはあなたの目に留まっただろうか？　好奇心をそそっただろうか？　何らかの行動を引き起こしただろうか？　FacebookやTwitterでシェアされたInstagramの写真は口コミ（Relationship）トリガーの役目を果たし、アプリへの意識を高め、結果として、アプリをインストールして利用するきっかけを与える。だが、FacebookやTwitterでシェアされたInstagramの写真だけが新規ユーザーを獲得するための外的トリガーとはならない。メディアやブログ、アップルのApp Storeで、アップルがInstagramを特集したことでアプリの存在を知った人も多くいるだろう。これらはすべて名声（Earned）トリガーだ。

　一度でもアプリがインストールされると、Instagramは自己（Owned）トリガーのメリットを得られる。ユーザーのスマートフォンの画面にアプリのアイコンが作られ、友人が新たな写真をアップすればその通知が表示され、それに気付いたユーザーはInstagramへログインする。

　繰り返し使用することでInstagramは内的トリガーと強いつながりを形成し、多くのユーザーにとって短時間の気晴らしにしていたことを日課に変えてしまう。

　Instagramにログインしていない間に、特別な瞬間を見逃してしまうかもしれないという気持ちが不安を呼び、ストレスの発作のようなものを駆り立てる。このようなネガティブな感情が内的トリガーとなり、写真を撮って保存することで不安を解消しようとユーザーはInstagramにログインを繰り返す。このようにユーザーがサービスを使い続けることで、新たな内的トリガーが作り上げられる。

2. トリガー（きっかけ）

　さらに、Instagramはカメラの代用品というだけでなく、ソーシャルネットワークでもあることも忘れてはならない。Instagramを通じてユーザーは友人とつながり、写真をシェアし、気軽なコメントでやり取りすることによって退屈をしのげるのだ[54]。

　多くのソーシャル・ネットワークと同様に、Instagramは「取り残される不安（fear of missing out）」という苦悩を軽減する効果がある。この取り残される不安は、昨今「FOMO」という単語としても知られつつある。Instagramに関して言えば、内的トリガーが新しい習慣の基礎を生み出すのだ。

　次章では、フック・モデルの次のステップとして、ユーザーの抱えている問題と解決策を結びつけるメカニズムを紐解いていく。そして、新しい習慣を作り出すために、トリガーからアクションを起こすテクニックがどれほど重要なのかについて見ていこう。

★ ★ ★
REMEMBER AND SHARE
リメンバー・アンド・シェア

◎ユーザーの行動をうながす「トリガー」が、フック・モデルの最初のステップである

◎トリガーには2種類ある。1つは外的トリガー、もう1つは内的トリガーだ

◎ユーザーの周りに刺激となる情報を配置して、次にとるべき行動を指示すること、これが外的トリガーである

◎ユーザーの記憶を利用して、次にとるべき行動を連想させること、これが内的トリガーである

◎ネガティブな感情が、内的トリガーとして機能することがある

◎習慣化をうながすプロダクトを作り出すためには、ユーザーのどのような感情が内的トリガーになるかを理解すること、また、ユーザー

の行動をうながすのに使える外的トリガーが何なのかを知ることが必要だ

★ ★ ★

Do This Now
今すぐやってみよう

　前章の「DO THIS NOW」の回答を思い出しながら、次の問いに答えてほしい。

Q あなたのプロダクトやサービスのユーザーは誰だろう？

Q あなたが狙う習慣の直前に、ユーザーは何をしているのだろう？

Q ユーザーの行動を引き起こす可能性のある内的トリガーを、3つ挙げてみよう（本文で紹介した「なぜなぜ分析（なぜなぜ5回）」を行うとよい）

Q あなたのユーザーがもっとも多く体験しそうな内的トリガーは、何だろうか？

Q 次の文章の［　　　］の部分に当てはまる語句を探してみよう
「ユーザーに［**(内的トリガー)**］が起こるたびに、彼（彼女）は［**(意図している習慣の最初の行動)**］をとる」

Q ユーザーが2番目の Q の答えとなった行動をとる場面で機能する外的トリガーは何だろう？

Q ユーザーの内的トリガーが引かれた時に、外的トリガーをそこ

に近づけるにはどうしたらよいだろうか？

Q 従来の技術（eメール、お知らせ表示、携帯メールなど）であなたのユーザーを惹きつけるための手法を、少なくとも3つ考えてみよう。次に、思い切って現代では利用が難しい技術を用いて、あなたのユーザーを惹きつける手法も考えてみよう（ウェアラブル・コンピュータ、生体認証センサー、伝書鳩など）。一見おかしなアイデアが新しいトリガーを作り出す可能性もある。数年後には、今はまだ思いつかないようなトリガーを、新しい技術が作り出すことになるのだから。

3

ACTION

アクション（行動）

HOOKED:
HOW TO BUILD HABIT-FORMING PRODUCTS
BY NIR EYAL

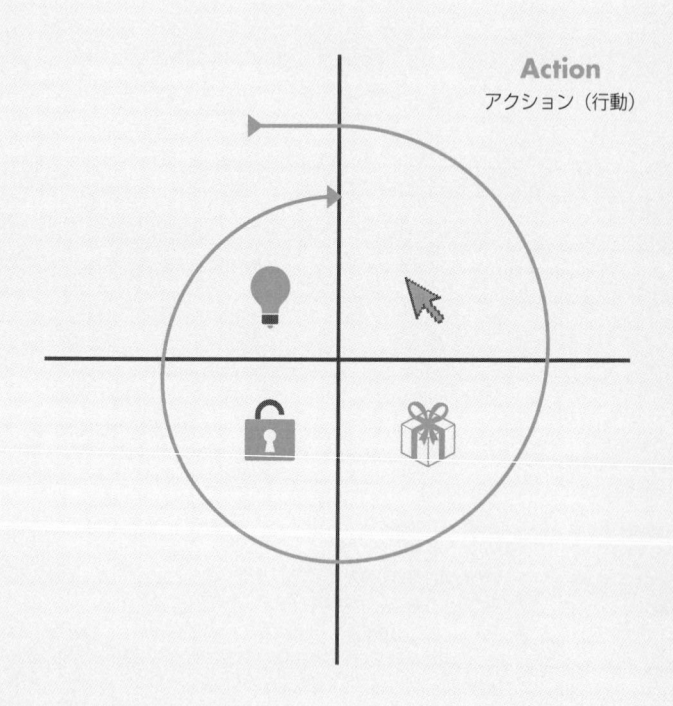

Action
アクション（行動）

フック・モデルの二番目のステップは、アクション（行動）だ。内的トリガーと外的トリガーの両方は、次にとるべき行動をユーザーに知らせる。しかし、ユーザーが行動を起こさなければ、このトリガーは意味がない。行動が思考よりも簡単なものでなくては、行動は起きない。その例が習慣だ。習慣は無意識、あるいはほとんど意識せずに行われる行動だ。そのため、肉体的あるいは精神的な努力が必要であればあるほど、その行動は起こりにくくなる。

Action vs. Inaction
行動する vs. 行動しない

習慣化に超重要なのがアクションだとすれば、設計者はどのようにしてプロダクトのユーザーをアクションに導けばいいのだろうか。実は、そこにはあまり知られていないアクションの公式が存在している。

人間を行動に駆り立てるものは何かという理論は多いが、スタンフォード大学パースウェイシブ・テクノロジ研究所所長のBJフォッグ博士は、行動が何を起因にして起こるのかを簡単なモデルを用いて説明している。

フォッグ博士はいかなる行動であっても、行動を起こす人間には以下の3つの要因が不可欠であると結論付けている。

(1) 十分なモチベーションを持っている
(2) 行動するための能力を持っている
(3) 行動を起こすトリガーが存在する

「フォッグ式行動モデル（The Fogg Behavior Model）」は、B=MAT という公式で表される。これは、ある行動がモチベーション（Motivation）、能力（Ability）、そしてトリガー（Trigger）によって起こることを意味する[55]。この公式の構成要素のどれかが欠けていたり、十分でなかっ

たりすると、人が「行動ライン（Action Line）」を越えることはなく、行動は起こらない。

フォッグ博士のモデルを、例を用いて考えてみよう。たとえばあなたの携帯電話が鳴ったが、あなたは携帯電話に出なかったとする。それはどうしてか？

携帯電話がバッグの中に埋もれていて、取り出すのが難しかったのかもしれない。それは、容易に電話に応えることができないということが行動を抑制したと言える。つまり電話に出るための能力の不足である。

あるいは、話をしたくないセールスの電話と思ったのかもしれない。その場合は電話に出るためのモチベーションが十分でなかったということになる。

さらに、電話は手に届くところにあって大切な人からかかってきたにもかかわらず、電話のベルが小さくて聞こえなかったのかもしれない。電話に出るというモチベーションと、手を伸ばせば電話に届くという能力があったにもかかわらず、ベルが聞こえなかったため電話を受けそこなった。つまり、ここでは博士の言うトリガーが存在しなかったということだ。

前章ではトリガーについて説明した。ここではフォッグ式行動モデルの残り2つの要素である、モチベーションと能力について考察してみる。

Motivation

モチベーション

行動がトリガーによって引き起こされ、モチベーションは行動したいと思う意欲の強さを決める。ロチェスター大学心理学部のエドワード・デシ博士は自己決定論の先駆者だ。博士は、モチベーションを「行動の

エネルギー（The energy for action）」と定義付けている[56]。

　モチベーションの本質について多くの心理学者が研究しているが、フォッグ博士は、モチベーションには中核となる3つの誘因があり、それぞれは人々の行動したいという欲求に影響を与えると論じている。

　フォッグ博士によると、すべての人間は苦しみを避けて快楽を追及したり、恐怖を避けて希望を求めたり、さらには社会に拒絶されるのではなく受け入れてもらうよう動機付けがなされているという。中核となるこの3つの誘因は、モチベーションの増減を決め、特定の行動が起こる可能性を増減している。

Motivation Examples in Advertising
広告に見るモチベーション例

　広告ほどモチベーションが影響を及ぼす業界はないだろう。広告主は消費者のモチベーションに火をつけ、消費者の習慣に何らかの影響を与えようとしている。広告を注意深く観察すれば、広告主がいかに消費者のモチベーションに影響を与えているのかわかってくるだろう。

　たとえば、2008年のアメリカ大統領選挙運動中のオバマ陣営が使ったメッセージやイメージは、経済や政治が大きく変わる時期にぴったりのものであった。シェパード・フェアリーのデザインによるアイコニックなポスターは、オバマの将来を見据えたような不動の視線と、太字で大きく書かれた「希望（HOPE）」の文字で、オバマ陣営のメッセージとイメージを伝えていた（残念ながら、このポスターはフェアリーとAP通信社との間で著作権争議中になっているためここに掲載することは避けるが、注釈に画像のリンクを掲載しておく）[57]。

　別の広告の例は、「セックスは売れる」と言われていることに関連している。昔から、女性の肌を見せた広告は定番だ。たとえばヴィクトリ

アズ・シークレット、ゴーダディ・ドット・コム、ファストフードチェーンのカールス Jr. やバーガーキングなどがその例だ（図3-01参照）。他にも多数の企業がこのような覗き見的な広告を使い、消費者の注意を惹き、モチベーションを高めている。

もちろん、この戦略は10代の男の子達のようにセックスが高い動機付け効果となるような特定の消費者にのみ使える。一方でまったく馴染めないと思う消費者もいる。ある人々を動機付けすることができても、できない人々もいる。だからこそ対象となる消費者のモチベーションについて熟知することが重要になってくるのである。

心理的動機付けはオバマ陣営のポスターやファストフードチェーン店の広告のようにあからさまではないこともある。図3-02のイラストにあるように、バドワイザーの広告はナショナルチームを応援する3人の「buds（buddyの複数形の略）」を動機付に使っている。ビールそのものは社会的にあまりいいイメージではないが、広告では友達と楽しいひと時を過ごすというプラスのイメージをビールに結びつけている。

図 3-01　覗き見的な広告でモチベーションを高める

女性の肌などを使った、セックスを動機付けに用いた広告は、
特定の消費者に対してのみ効果がある。

また反対に、恐怖などのネガティブな感情も強力な動機になりうる。次ページの図3-03の広告では頭に傷跡がある男性の衝撃的な写真が使われている。この広告はヘルメットなしでバイクに乗ることのリスクを、インパクトでもって伝えている。バイク事故後に精神年齢が2歳になってしまった写真の男性の「ヘルメットをかぶるとバカにみえるから僕はかぶらないんだ」というメッセージも添えられ、さらにインパクトを強めている。

トリガーについて前章で述べたように、あなたのプロダクトやサービスにとってもっとも重要なのは、消費者がなぜそれらを必要とするのかを理解することだ。内的トリガーは消費者が日常的に常に感じている「痒み」にたとえられる。そして、真のモチベーションは、求める結果が得られるという確信によって行動を引き起こす。たとえば、求める結果が

図 3-02 プラスのイメージを使った心理的動機付け

社会的にあまりよいイメージがないものに対して、プラスのイメージを用いることで、心理的動機付けを生み出すことができる。

得られるからこそ、人間は肌が痒いと感じると、皮膚をひっかくのだ。

　しかしながら、モチベーションを上げられるトリガーをもってしても、設計者はしばしばユーザーが思い通りになってくれないという現象に遭遇する。この方程式には何が欠けているのだろうか？　それは使いやすさではなく、むしろユーザーが簡単に行動を起こすための能力だと言えよう。

Ability
能力

　デニス・J・ハウプトリーは著書『Something Really New:Three Simple Steps to Creating Truly Innovative Products（まったく新しいもの：シンプルな３ステップで創るイノベーション・プロダクト）』(58)の中で、プロダクトのイノベーションのプロセスをもっとも基本的なステップに分解して説明している。まず、消費者がプロダクトやサービス

図 3-03　ネガティブな感情を使った心理的動機付け

衝撃的な写真を使うことで、恐怖という感情を心理的動機付けに使うことができる。

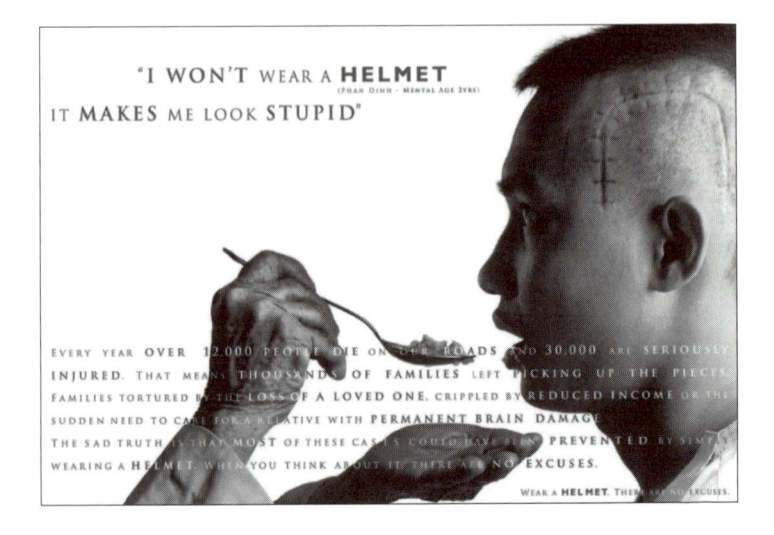

をなぜ使うのかを理解すること。次に、消費者が目的を果たすまでに行わなければならない作業をリストアップして理解し、そして最後はもっとも単純な過程になるまで、いらない作業を取り除いていくことだ。

結果的に、いかなるテクノロジーやプロダクトも、目的を果たすための作業ステップが少なければ少ないほど人々に受け入れられている。ハウプトリーは、「簡単であればあるほどよいことだ」と言っている。

しかし、イノベーションの本質をそのように簡潔に説明することができるだろうか？ それを解くために、ちょっと寄り道をして近年の技術の革新を振り返ってみよう。

数十年前、ダイアルアップ式のインターネットは魔法のような存在であった。コンピュータを立ち上げ、キーボードのいくつかのキーを打ち、モデムがキィーキィー、ガーガーうなりながらネット接続を確立するのを待つこと１分あまり。eメールをチェックしたり初期の World Wide WEB を閲覧したりするのは、現在の基準から考えると、非常に時間がかかる作業であった。しかし、それでも前例のない利便性に、人々は歓喜した。この技術はまさに革新的であった。そしてほどなくして、インターネットとして知られるテクノロジーが何百万人もの人々に利用されることになる。

今日、ハイスピードインターネットに常時接続しているため、かつての 2400 ボーモデム経由でインターネットに接続するのは苦痛以外の何物でもないだろう。今やeメールは瞬時に我々のポケットに入っているデバイスに送信される。広大なウェブは言うまでもなく、写真、音楽、動画など、どんなファイルも、そのほとんどが時と場所を選ばずアクセス可能になった。

ハウプトリーの主張通り、インターネットは何かを成し遂げる（この場合、オンライン接続してインターネットを使用する）ために必要な作

業が削除されたり改善されたりしたために、利用者が増えたと言える。

たとえば、図3-04で、オンライン・コンテンツを作成する人の割合とコンテンツ作成の簡潔化の推移を考察してみた。

ウェブ1.0は、C|net（現在ではCNETと呼ばれている）のような大手数社がコンテンツを作成していた。まるで、ニューヨーク・タイムズなどの少数の出版社が業界を支配していたのに似ている。

しかし、1990年後半にブログがウェブを変えた。ブログが登場する前のアマチュアライターは、自分の書いたものを公開するために自分のドメインを買い、DNSセッティングを行い、ウェブホストを探し、そして管理システムをセットアップする必要があった。そこに、Blogger

図 3-04　オンライン・コンテンツの潮流

オンライン・コンテンツを作成する人が増えるとともに、
コンテンツ作成の簡素化が進んでいる。

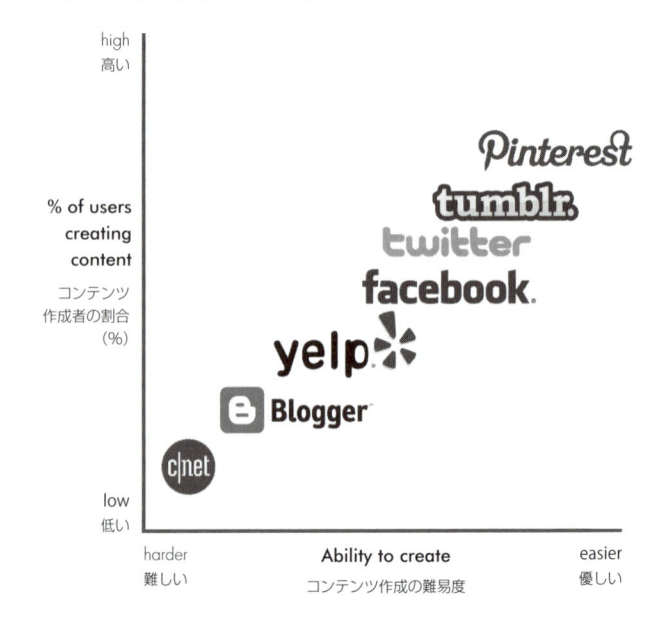

縦軸: high 高い / low 低い — % of users creating content（コンテンツ作成者の割合（％））

横軸: harder 難しい / easier 優しい — Ability to create（コンテンツ作成の難易度）

配置: Pinterest、tumblr、twitter、facebook、yelp、Blogger、c|net

のような新しい企業が現れ、これまでの複雑な作業ステップを取り去り、アカウントに登録するだけでブログを公開できるようにしたのだ。

　Bloggerの共同創設者でのちにTwitterを共同創設するエヴァン・ウィリアムズは、2社を成功に導いたことに関して、ハウプトリーの革新法則に共感している[59]。つまり、「長い間存在している人間の欲望や好みを特定した上で、現代のテクノロジーを使ってそこに到達するのに不要なステップを取り除く」のである。Bloggerはブログをネットに公開するプロセスを劇的に簡素化した。その結果、ネット上でコンテンツを作成する人の割合が急上昇したのである。

　Facebookや他のソーシャルメディアも誕生し、それ以前から存在していたBBS（Bulletin Board Systems）やRSS（Really Simple Syndication）などを洗練していった。

　Bloggerが登場した7年後にTwitterが誕生し、当初は「マイクロブログ（micro-blogging）」と呼ばれていた。多くのユーザーにとってブログを書くことはまだまだ時間がかかり難しいものであったが、それを短く簡単に投稿できるものにしたのがTwitterだ。「つぶやき」は巨大なアイコンとなり、2012年までに5億人の登録数に達した[60]。最初は、Twitterの140文字の文字制限への批判を唱える専門家もいたが、その制限が逆にユーザーの想像力を高めることになったのだ。キーボードを何度か打つだけでメッセージを共有できてしまうのが魅力だ。2013年の終わりには、1日あたり、3億4000万の「つぶやき」が送信されている。

　最近では、PinterestやInstagram、Vineといた企業がオンライン・コンテンツの作成をさらに単純化した。今では、画像を撮って送るか、面白い画像をリピン（Pinterestでの画像共有方法）するだけで、複数のソーシャルネットワークで情報をシェアできるようになった。このような革新的なパターンは、特定の行動を簡潔化し、かつてはニッチと言われたコンテンツの公開を誰でもできるように変え、ウェブでの成功に

3. アクション（行動）

拍車をかけた。

　昨今のウェブの変遷からわかるように、特定の行動を簡単にできるか、できないかが、ユーザーの行動を起こすかどうかに影響している。プロダクトの簡素化を成功させるためには、消費者に障害になっているもの（作業）を取り除かなければならない。フォッグ式行動モデルによれば、「能力とは特定の行為をするための容量である」と定義されている。

★ ★ ★

　フォッグ博士は、作業の難易度に影響を及ぼす要因として、6つの「簡素化の要素」を説明している[61]。それらは、以下の通りだ。

時間：行動を完了するまでにどれくらいかかるか
お金：行動を起こすためにかかる財政的費用
身体的な努力：行動を起こすために必要な労力の量
ブレインサイクル：行動を起こすためにメンタル面で行わなくてはならない努力と集中のレベル
社会的な逸脱：その行動がどれくらい他人に受け入れられているか
非日常性：行動がどのくらい日常の行動に合うか、あるいは妨害するか

　フォッグ博士は、行動が起きる可能性を増やすためには、設計者にシンプルさに重点を置くように勧めている。言い換えれば、消費者が持っていないものが何かを突き詰めることである。消費者に行動を起こして完了してもらうためには、何が邪魔になっているのか、その何かを見つけないといけないということだ。

　ユーザーは時間が足りないのか。その行動はお金がかかりすぎるのか。そのプロダクトは理解するのに難しすぎるのか。ユーザーが置かれている社会的立場はその行動が不適切とされる可能性があるものなのか。その動作は、必ず違和感を覚えるくらいにユーザーの通常のルーチンから

遠く離れているということなのか。

　これらの要因は人や状況によって変わるため、デザイナーは、「消費者が次の段階に進むために、欠けているものは何か？」を常に考えないといけない。消費者にとってそのプロダクトをよりシンプルに使えることを目的にデザインすれば、ユーザーとプロダクトとの不一致を減らして障害を取り除くことになり、ユーザーがフォッグ博士の言う「行動のライン」を超えやすくなる。

　フック・モデルのアクションは、フォッグ博士が説明したアビリティ（能力）を高めるために行う6つの「簡素化の要素」を用いている。これは設計者がテクノロジーを用いていかに作業を簡素化できるかにかかっている。作業が簡単であればあるほど、ユーザーが行動してくれる傾向が高くなり、フック・モデルの次の段階に進むことができる。

　以下に挙げるのは簡略化されたオンライン・インターフェースの例である。このインターフェースはユーザーをフック・モデルの次の段階に進めるために、多くの企業で利用されている。

Logging In with Facebook
Facebookのログイン

　これまではアプリケーションやウェブサイトで新しいアカウントを登録するには何段階かのステップが必要だった。ユーザーはeメールアドレスやパスワードを入力して、さらに氏名や電話番号などの情報も必要であった。このステップが多くのユーザーにとって負担となり、アカウント登録を妨げていた。特にモバイル端末では、スクリーンが小さく、タイプする速度も遅くなるため、特に課題となっていた。

　しかしながら今日ではFacebookへのログイン画面（図3-05参照）を目にすることなく、ウェブ閲覧したりやモバイルアプリを使用するこ

とはほとんど不可能に近い。多くの企業では自社のウェブサイトでわざわざアカウント登録しなくても、ユーザーがすでにFacebookを使っていれば、Facebookのアカウント情報を使ってウェブサイトを利用できるようにしているからだ。

　このようなFacebookのログイン機能は、時間を節約したいユーザーにとっては便利な機能である。その一方で、登録プロセスを簡単にする必要のないユーザーにとっては必ずしもそうとは言えない。たとえば、Facebookがユーザーの個人情報をどのように他社と共有するのか警戒しているユーザーにとって、Facebookのログインボタンは役に立たない。なぜならそのようなユーザーにとって、SNSの信頼性に対し、新たな不安（つまり、頭を使うようなこと＝ブレインサイクル）のトリガーが生まれるからだ。繰り返すが、ユーザーが対面する障害は人によって、また状況によって異なる。万人に当てはまる1つの完璧な解決策などはない。したがって、デザイナーはユーザーが抱えることになる一連の障害にどのようなものがあるかを理解する必要がある。

図 3-05　Facebookのログイン画面

多くの企業では、Facebookのアカウント情報を使って、
他のウェブサイトを利用できるようにしている。

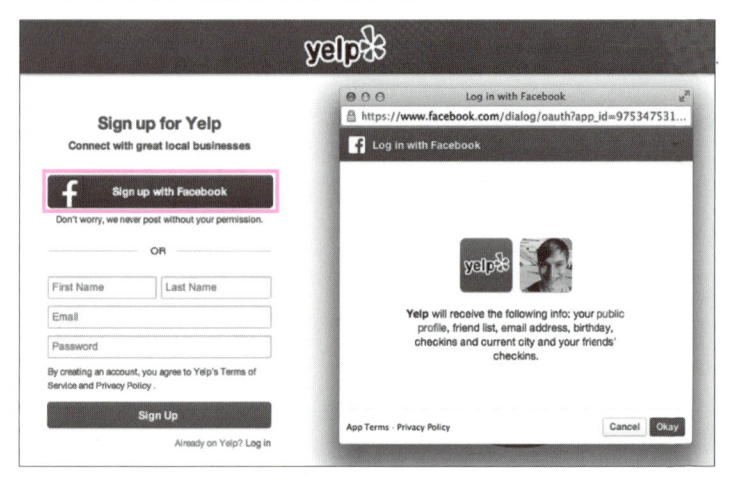

ACTION 3

Sharing with the Twitter Button

Twitter ボタンで共有

 Twitter により記事、動画、写真、あるいはウェブで見つけた様々なコンテンツを共有できるようになった。Twitter は、ツイートの 25％にコンテンツへのリンクが含まれていることに気付き、サイトのリンクをより簡単にツイートできるよう工夫した[62]。

 リンクのシェアを容易にするために、同社は第三者サイトに埋め込み可能なツイートボタンを作り、ユーザーがクリック 1 つで第三者サイトから直接ツイートできるようにした（図 3-06 参照）。これが外部からのトリガーに相当し、ツイートを作成してシェアするまでの作業ステップがいくつも減った。

Searching with Google

Google で検索

 Google は世界でもっとも人気のある検索エンジンであるが、市場に一番手として現れたわけではなかった。Google が立ち上がった 1990 年

図 3-06 埋め込み可能なツイートボタン

リンクのシェアを容易にするために、Twitter は第三者サイトに埋め込み可能なツイートボタンを用意している。

087

代後半は、すでに Yahoo! や Lycos、AltaVista、Excite などの前衛がいた。Google はそこからいかにして数十億ドルと言われる市場を支配するまでになったのだろうか？

1つは、Google のページランク（PageRank）と呼ばれるアルゴリズムがウェブ索引において、他社より効果的な方法であるということだ。他のサイトからどれくらいの回数リンクされるかでページをランク付けることで、Google は検索能力を向上させた。ディレクトリ型サーチエンジンの Yahoo! と比べると、Google は大幅に検索時間も削減した。また、関連性のないコンテンツや広告がたくさん表示される他の検索エンジンと比べ（図 3-07 参照）、Google は当初から、さっぱりとした簡素なホームページと検索結果表示ページを使っている。検索結果とその関連結果を表示するという行為を合理化することに焦点を当てて（図 3-08 参照）、競合を追い抜いていった。

簡単に言えば、Google はユーザーが欲しいと思っている情報を探すための労力や時間を大幅に減少させたと言える。同社では、どんなに些細なことであってもユーザーの検索方法を簡単にするための新しい手段を見つけ、検索エンジンを絶え間なく改善し続けている。

Google のホームページは依然としてさっぱりとしたままだが、同社では現在、自動スペル修正機能や部分的なクエリに基づいた結果予測機能やユーザーが入力中でも検索結果が表示される機能など、より簡単かつ高速に検索できる様々なツールを提供している。このように検索をより簡単にすることでユーザーのリピート性を高めているのだ。

Taking Photos with the Apple iPhone
アップルの iPhone で写真を撮る

人生の貴重な瞬間の多くは、瞬く間に過ぎ去ってしまう。私達はその瞬間を写真に収めようとするが、もしもカメラが手元になかったり、撮

ACTION 3

図 3-07 Yahoo! の検索ページ

Yahoo! の検索ページは、関連性のないコンテンツや広告にあふれている。

図 3-08 Google の検索ページ

簡素な Google の検索ページは、検索結果とその関連結果を表示するという行為を合理化することに焦点を当てている。

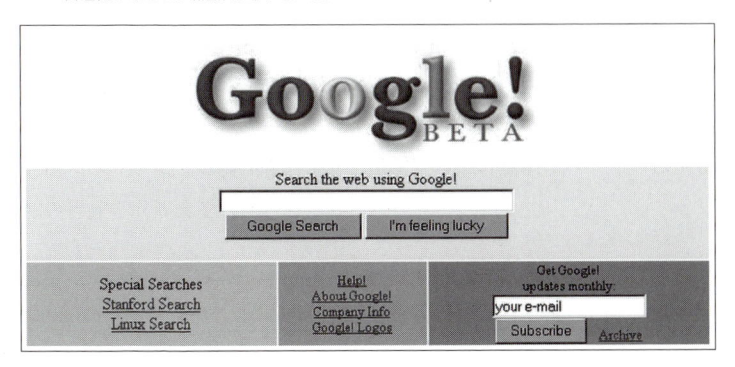

089

影が簡単にできないカメラだったりしたら、その瞬間を永遠に失うことになってしまう。アップルはそこに目をつけ、iPhone所有者が簡単に写真撮影できるようiPhoneを改良していった。iPhoneはパスワードロックがかかっている状態でも、すぐにカメラアプリを起動できる。他社のスマートフォンの写真撮影アプリは何段階かの作業プロセスを踏まないと撮影できなかったのに比べ、写真を撮りたい時にすぐ行動に移せるiPhoneのカメラ機能は市場を独占するほどの人気となった（図3-09参照）。

図 3-09 iPhoneで写真を撮る

iPhoneのカメラ機能はパスワードロックがかかっている状態でも、カメラアプリを起動可能。

ACTION 3

Scrolling with Pinterest

Pinterestのスクロール

　ウェブサイトの閲覧は簡潔化できるのか？　ピンボード（オンライン上の共有スクラップブック）による画像共有サイトのPinterestによって普及した無限スクロール機能は、その解決策の1つであろう。従来、あるウェブページから次のページに移動するにはクリックしてページが読み込まれるまで待たなければならなかった。しかしPinterestのようなサイトでは、ページの終わりあたりに近づくと次のページが自動的に読み込まれ、ユーザーは無限にスクロールし続けられる（図3-10参照）。

＊　＊　＊

　ここまで説明したことは、作業を簡潔化することで、ユーザーの行動がより多く生まれるという例である。

図 3-10　永遠にスクロールできる Pinterest

Pinterestは、ページの終わりに近づくと次のページが自動的に読み込まれ、無限にスクロールできる。

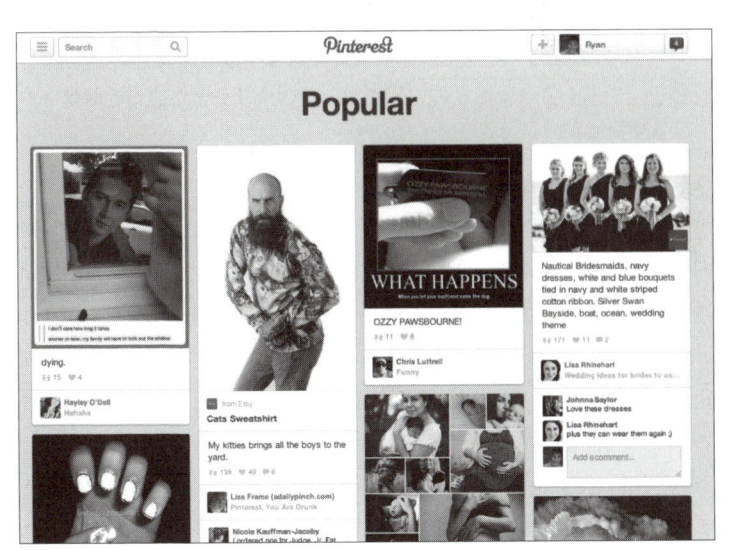

3. アクション（行動）

Motivation or Ability — Which Should You Increase First?
モチベーションと能力、どちらを先に増やすべきか

　ユーザーの行動を起こすトリガーについて学び、どの行動を習慣付けたらいいかを決めたら、次はモチベーションと能力を増加できる。では、モチベーションと能力という二者のうち、どちらを先に増やすべきか？どちらにお金と労力を投資するべきだろうか？

　答えは、常に能力である。

　もちろん、B=MATの3つの要因は、行動が起こるために必ず存在していなければならない。明瞭なトリガー、十分なモチベーションがなければ行動は起こらない。しかし、テクノロジーを開発する企業にとって、より多く投資資金が回収できるかは一般的にプロダクトがどれだけ使いやすいかで決まると言える。

　モチベーションを増大させるにはコストがかかり時間も要する。ウェブサイトの訪問者はマニュアルを読むのを嫌う。大抵の訪問者は忙しくて時間がないので、説明文を読むなどという行為は我慢できない。その代わりに、行動を実行に移すために必要な作業量を減らすことによって、行動を起こさせるのは比較的容易である。ユーザーが使い方のマニュアルを読まなくても済むような簡単な操作のプロダクトを開発できれば売れることは間違いないということだ。

The Evolution of Twitter's Homepage
Twitterのホームページの進化

　2009年当時のTwitterのホームページはテキストや多数のリンクによって騒然としていた（図3-11参照）。特に、はじめてTwitterのページを訪問する利用者にはわかりにくく不便だった。利用するまでのハードルが高く、友達や家族と自分のことをシェアしたいと思う利用者が喜

んで利用するとは言えないサイトだったのだ。

　翌年、Twitterはサイトをデザインし直し、「今何が起きているかシェアし合おう（Share and discover what's happening right now）」（次ページの図3-12参照）と宣伝した。ページはよりアクションに焦点が置かれたものとなったが、依然として視覚的な問題があった。しかも、ユーザーが行う作業、すなわち検索は、Twitterがユーザーに期待していたものではなかった。他のユーザーをフォローする人々は、継続してフォローするのでその行動が習慣化する。しかし検索作業ではその目標は達成できない。そのため、Twitterはさらなる方向転換を行ったのだ。

　Twitterの急成長期間中、ホームページは急激に単純化されていった（次ページの図3-13参照）。Twitterの利用説明もわずか140文字で「Find out what's happening, right now, with the people and organizations

図 3-11　2009年のTwitterホームページ

2009年のTwitterのホームページは、様々な情報が入り乱れ、利用するまでのハードルが高かった。

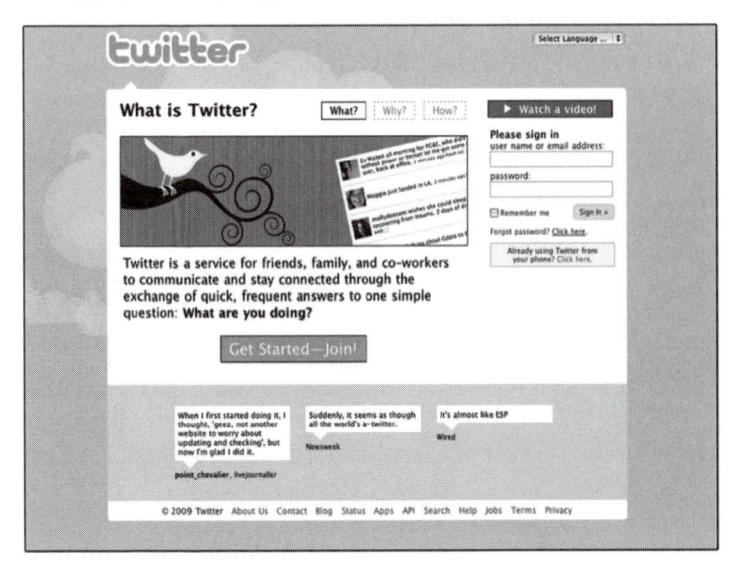

you care about.（今すぐに、気になっている人々に何が起こっているのかを見てみよう。）」と変わった。2009年当時のホームページでユーザーが面倒に思うことや、わかりにくかったお願いから、より簡単に、わかりやすく進歩を遂げている。

図 3-12　2010年のTwitterホームページ

よりアクションに重点を置いたものにリニューアルされたが、
視覚的な問題がまだあった。

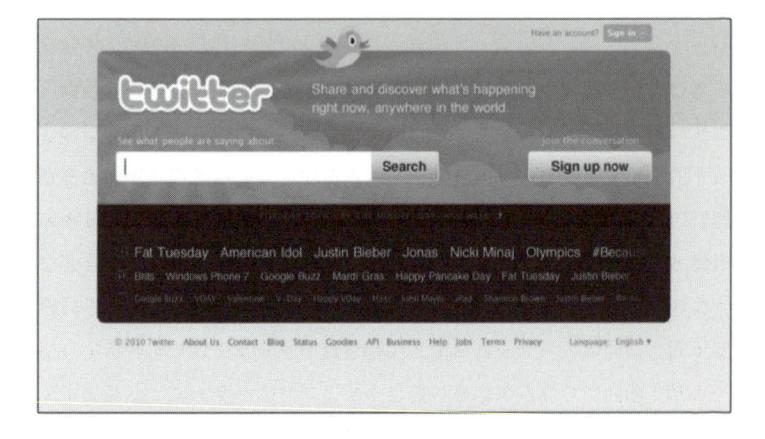

図 3-13　2012年のTwitterホームページ

ユーザーにやってもらいたいことを140文字で語りかけると
いう、わかりやすいホームページに進歩を遂げた。

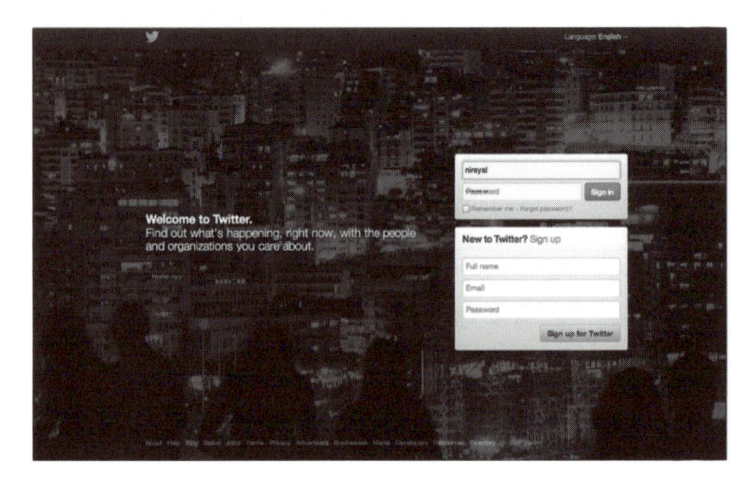

Twitterのホームページは、コンサートやサッカーの試合のように、きらびやかなイベントを観ているようなイメージに包まれており、人々の好奇心を刺激しながら比喩的にサービスの価値を伝えている。特記すべきは、ページには2つの非常に明確な行動喚起として、サインインとサインアップしかない点だ。Twitterができる限りユーザーの作業を単純化した証拠だ。ユーザーが一度でもTwitterを利用すれば、サービスについて説明するよりはるかに効果的と考えたからだ。

もちろん、2009年と2012年では状況が違う。2012年はすでにTwitterの知名度が上がっていたので、Twitterのことを聞いた人々がサイトを訪れるようになっていた。Twitterのホームページの進化を見れば、同社がユーザーにとってTwitterに不足しているものをどう捉えていたのかが明らかだ。2009年のホームページではユーザーのモチベーション向上を試みていたが、2012年までには、ユーザーにアカウントを作成させて他のユーザーをフォローさせるのに、さらに高度の労力が必要だと認識していた。

近頃、Twitterのホームページは、同社のモバイルアプリのダウンロードを促進するために、わずかながらデザインが変更された（次ページ図3-14参照）。2012年バージョンのページを占めていたサインインとサインアップのトリガーはまだ保持されているものの、ユーザーの端末にアプリをインストールしてもらい、再帰性を高めることを目指している。

On Heuristics and Perception
経験則（ヒューリスティックス）と認識について

これまで私達は、フォッグ博士が提唱しているモチベーションの中核となる3つの誘因と、特定の行動を起こすために影響を与える簡素化の6つの要素について論じてきた。これらの要因は、人がいかに合理的な決定をするかについての理想像を教えてくれる。たとえば、「経済学入門」クラスの学生は皆、商品の価格が下落すれば消費者が多く購入すること

を学習するが、これはフォッグ博士の言うところの、価格を下げて能力を高める例である。

このように原則は単純だが、人間の行動には例外があるものだ。ノーベル賞受賞者のダニエル・カーネマンのような著名人によって研究されてきた行動経済学では、合理的な人間行動学の例外を説明している。たとえば、価格が安くなれば人々の消費量が増えるという概念でさえ所詮は傾向に過ぎず、絶対ではない。

人が決断を下し、意思決定を行う際の脳内のショートカット、つまり経験則（ヒューリスティックス）を理解することで、企業はユーザーのモチベーションや能力を高めることができる。このような脳のバイアス（偏り）はここで記述するに値するだろう。人は、経験則を意思決定に使用

図 3-14 2013年のTwitter ホームページ

最近では、モバイルアプリのダウンロードをうながすためのデザインが用意された。

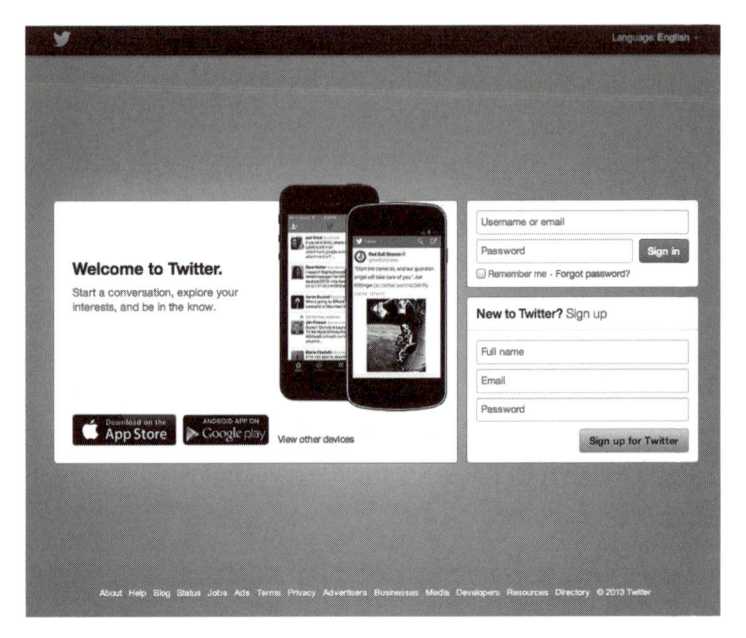

していることに気付いてはいないものの、経験則は人の行動を予測することに役立つ。

The Scarcity Effect
希少効果

1975年、ウォーケル、リー、アドウォールらの研究者は、2つの同じガラス瓶に入ったクッキーを人々がどのように評価するかを調べた[63]。一方には10枚のクッキーが入っており、もう一方には2枚が入っていた。人々はどちらのクッキーを好むだろうか？

クッキーとガラス瓶が同一だった場合、参加者のほとんどが残りの少ないクッキーのほうを選んだ。希少価値が参加者の価値観に影響を与えたと言える。

なぜこういう結果になるのかについては、様々な理論がある。1つには、希少品が製品について何かを暗示しているということ。つまり、残り少ないということは、自分では知らない何かを他の人が知っているからかもしれないと考えるのである。したがって残り少ないクッキーのほうが好まれることになる。2枚のクッキーが入ったガラス瓶は無関係の情報を伝えている。なぜならクッキーそのものはどちらのジャーも一緒だからである。希少性がクッキーの価値を変えたのだ。

この実験の第2部では、急にクッキーが不足したり増えたりしたらどうなるかを観察した。参加者にはまず2枚、あるいは10枚のクッキーの入った2つのガラス瓶が渡される。その後、10枚のクッキーの入ったガラス瓶から8枚のクッキーが抜かれる。反対に、2枚のクッキーの瓶に8枚のクッキーを加える。この変化はどのような影響を参加者に与えたのであろうか？

結果は希少効果の時と一貫していた。2枚のクッキーだけが残ったグ

ループのほうが、よりクッキーに魅力を感じ、10枚に増えたグループのほうではクッキーの魅力が減少した。また、最初から10枚あった場合と比べると、2枚から10枚に増えたほうが、クッキーの価値をあまり感じていないこともわかった。ここでわかるのは、もともと不足気味だった商品が増えた場合には、その商品の希少価値が小さくなるということである。

希少価値のある商品の売り上げが上がる例として、Amazonも忘れてはならない。最近、私がDVDを購入しようと探していた時の経験を話そう。私が欲しいと思っていたDVDは「14点在庫あり」(図3-15参照)ということだった。また、探していた本のほうは在庫が3冊と表示されていた。世界最大のネットショップにおいて、私の買いたいDVDや本などの商品は、実際にほぼ完売しているのだろうか？ あるいは希少価値を高めて、消費者の購買行動に影響を及ぼすためにほぼ完売という表示にしているのだろうか？

The Framing Effect
フレーミング効果

状況も知覚を形作る。世界一流のバイオリニスト、ジョシュア・ベルは、社会実験の一環として無料で即興のコンサートをワシントンDCの地下

図 3-15 Amazon.com の在庫表示

Amazon.com の在庫表示は、ほぼ完売を表すのではなく、希少価値を高めるためのものなのかもしれない。

The Fighter (2010)
Christian Bale (Actor), Mark Wahlberg (Actor), David O. Russell (Director) | Rated: R | Format: DVD
★★★★☆ (287 customer reviews)

List Price: ~~$14.98~~
Price: $8.99 ✓Prime
You Save: $5.99 (40%)

Only 14 left in stock.
Sold by newbury_comics and Fulfilled by Amazon. Gift-wrap available.

鉄駅で催すことにした[64]。ベルのコンサートは、ケネディーセンターや、カーネギーホールのようなところでは、1枚数百ドルのチケットがすぐ完売するぐらいの人気だ。しかしワシントンDCの駅という状況下では、彼が何者かが理解されず、演奏には誰も耳を傾けずに歩いて通り過ぎていくだけであった。

精神は、自分を取り巻く環境に影響を受けると、時には脳を通すこともなく敏速に間違った判断を下す。ベルが地下鉄駅でコンサートを行っても、ほとんどの人は音楽を聴くために立ち止まらなかった。が、コンサートホールという状況のフレームの中では、高額なチケットが売れるのである。

しかし、フレーミング効果による経験則は、私達の行動に影響を及ぼすだけでなく、脳の喜びを感じる知覚そのものを変える。たとえば、2007年に、ワインの値段がワインの味に影響を与えるかどうかの実験が行われ[65]、実験の参加者はワインを試飲し、fMRI（脳の血流を見るためのMRI）で測定された。

fMRIが脳内の血液の流れをスキャンしている間に、参加者は試飲したサンプルのワインの値段を教えられる。サンプルのワイン価格は5ドルから90ドルまでであり、興味深いことに、値段が上がるにつれて、参加者がよりワインを堪能するようになっていったということだ。参加者はワインが美味しいと言うだけでなく、脳内の喜びを感じる部分の活動もより活発になっていった。実は最初から最後まで同じワインを試飲してもらっていたのだが、これは参加者には知らされなかった。この実験からわかるのは、たとえ客観的な品質にはほとんど関連がなくても、プロダクトがどのような枠に入れられるかによって知覚は形成されるということだ。

3. アクション（行動）

The Anchoring Effect
アンカー効果

　衣料品店では「30％引き」や「1つ買うと1つ無料」といったPOPがいやでも目につく。それらは、店舗の利益を上げるために提供されている商品であることが多い。同じ店内にあるセール品に似たような商品の定価は、セール品より安いことも少なくない。私は最近、下着3枚セットを購入した。1セット29ドル50セントで買うと、もう1セットが無料でもらえるというセールだった。が、同じような下着セットで5枚入りのものが34ドルで売られているのに気がついた。よく考えると、下着5枚セットの1枚あたりの値段は、セールの3枚セットの1枚あたりの値段よりも安いことがわかる。

　人は往々にして、たった1つの情報に基づいて決断を下すことがある。今回の私の例では、2つの異なるブランドの下着セットを「セールになっているかいないか」だけで、どちらを買うかを決めようとしたのがそのいい例だ。

The Endowed Progress Effect
エンダウド・プログレス効果

　買い物客に繰り返し店に来てもらうために、ポイントカードなどを使う小売店が多い。買い物をするたびにポイントは加算され、消費者は無料の製品やサービスに一歩近づくことができる。これらのカードは一般にポイントがゼロの状態から始まり、顧客は0％完了の状態でスタートする。では、すでにポイントが貯まり始めているカードを顧客に渡したらどうなるだろうか？　もしカードに少しポイントが貯まっていたら顧客は何かアクションを起こしやすいのだろうか。これを実験した研究がある[66]。

　参加者を2つのグループに分け、それぞれにポイントがすべて貯まっ

たら洗車が無料になるカードを与えた。1つのグループには何もポイントがないカードで8個のマスがあり、8ポイント貯めれば洗車無料になる。もう一方のグループには10個のマスがあるが、すでに2ポイント貯まったカードを渡した。いずれのカードでも後8ポイント貯めなければならない点は同じだ。だが、後者のカードを渡されたグループのほうがポイントを貯める行動の完成度が前者に比べて82%高かった。これはエンダウド・プログレス効果と呼ばれるもので、人が目的に近づけば近づくほどモチベーションを上げるというものである。

LinkedInやFacebookなどのサイトは、この効果を有効活用し、ユーザーがプロフィールを作成する時に、より多くの個人情報を入力するように工夫している。LinkedInでは、図3-16で見られるように、ユーザーがすでにある程度情報を入力したと思わせる工夫をしている。「プロフィールをもっと充実させよう」とうながし、ユーザーが、ステップを1つずつ完了させていくと、ページに表示される進歩グラフも増えていく。このグラフのいいところは、あえて数字の目盛りを排したことで、ユーザーが一目でどれだけ進歩しているかわかるようになっていることだ。LinkedInをはじめて訪れるユーザーにとって、プロフィールの作成が面倒なこととは映らない。またすでにプロフィールを作成しているユーザーでも、さらなる個人情報を入力することでプロフィールの完成に近づくためのステップを踏めるのだ。

図 3-16 エンダウド・プログレス効果を使うLinkedIn

LinkedInのプロフィール作成画面は、完成までのステップを視覚的に見せている。

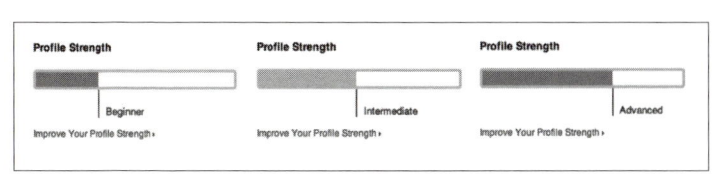

3. アクション（行動）

★ ★ ★

　大抵の人は、1日のうちに何度も一瞬の判断をする際に、経験則が判断の手助けをしているということを知らない。心理学者によれば、人の行動に影響を与える認識上の偏り（認知バイアス）が何百もあるという。本章では、そのうちの4つを考察した[67]。習慣化をうながすテクノロジーを開発する設計者達は、これら4つの認知バイアスを理解し、活用することで消費者のモチベーションや能力を向上させられるようになる。『Seductive Interaction Design（誘惑的な相互作用）』の著者ステファン・アンダーソンは、デザイナーが経験則を効果的にデザインに用いるためのメンタル・ノート（Mental Notes）と呼ばれるツールを開発した[68]。50枚のカードそれぞれに、認知的偏見が書かれており、デザイナーチームはそれについて議論をしつつ、プロダクトをデザインしていくという仕組みだ。たとえば、チームのメンバーは、前述のエンダウド・プログレス効果や希少価値効果をどのように応用すれば消費者の購買力を高めるかなどを議論するというわけだ。

　本章では、ユーザーのトリガーからアクションまでの推移を検証した。認知バイアスがユーザーの行動にどのような影響を与えているか、また作業をシンプルにすることでユーザーがフック・モデルの次のステップに進みやすいことも検証した。

　これでユーザーは2つのステップを終了した。次はリワード（報酬）だ。だが、ユーザーは何を報酬として求めているのだろうか？ ユーザーが商品を繰り返し購入したり、プロダクトを繰り返し使ったりするのはどうしてなのだろうか？ その答えは次章で説明しよう。

★ ★ ★
Remember and Share

リメンバー・アンド・シェア

◎アクションは、見返りとしてのリワード(報酬)を期待して行われる、シンプルな行為である

◎フォッグ式行動モデルによって示されている通り、どんなふるまいにおいても、それを行うためのモチベーションと能力、トリガーがすべて同時に存在しなければならない

◎意図した通りにふるまってもらうには、はっきりとしたトリガーを用意し、アクションが行われやすくなるように準備した上で、動機付けを行う必要がある

◎あらゆるふるまいは、3つのコアモチベーションのうちのどれかによって引き起こされる(3つのコアモチベーションとは、喜びを追及し痛みを回避すること、希望を追及し恐怖を回避すること、社会的な容認を追及し否認を回避することである)

◎アクションを行うための能力は、[時間]、[お金]、[身体的な努力]、[ブレインサイクル]、[社会的な逸脱]、[非日常性]の6つの要因に影響される。能力はユーザーによって、それぞれ異なる。

◎経験則(ヒューリスティックス)とは、認知的なショートカット、つまり素早く解決するための判断基準であり、プロダクトデザイナーは、これを応用すれば消費者に受け入れられるプロダクトやサービスをデザインできる。

Do This Now
今すぐやってみよう

前章の「DO THIS NOW」の回答を思い出しながら、次の問いに答えてほしい。

Q あなたが設計したプロダクトやサービスにおいて、ユーザーが体験する順番を考えてみよう。内的トリガーを感じるところから、そのプロダクトやサービスを使った時に得られるリワード（報酬）を手にするまでの過程で、何ステップの作業を必要とするだろうか？ 本章で解説した、シンプルな例と比べるとどうか？ 競合他社のプロダクトと比べるとどうだろう？

Q あなたのプロダクトを繰り返し使うことの障害になるものは何だろうか？ 以下に挙げるものは含まれているだろうか？
・時間
・お金
・身体的な努力
・ブレインサイクル（複雑すぎて頭を使うようなことなど）
・社会的な逸脱（モラルからはずれるなど）
・非日常性（新しすぎるなど）

Q アクションを楽にするためのアイデアを、3つ考えてみよう。テスト可能（testable）なものであることが望ましい。

Q 習慣化のアイデアを、経験則を用いて考えてみよう

4

VARIABLE REWARD

リワード（予測不能な報酬）

HOOKED:
HOW TO BUILD HABIT-FORMING PRODUCTS
BY NIR EYAL

Variable Reward
リワード（報酬）

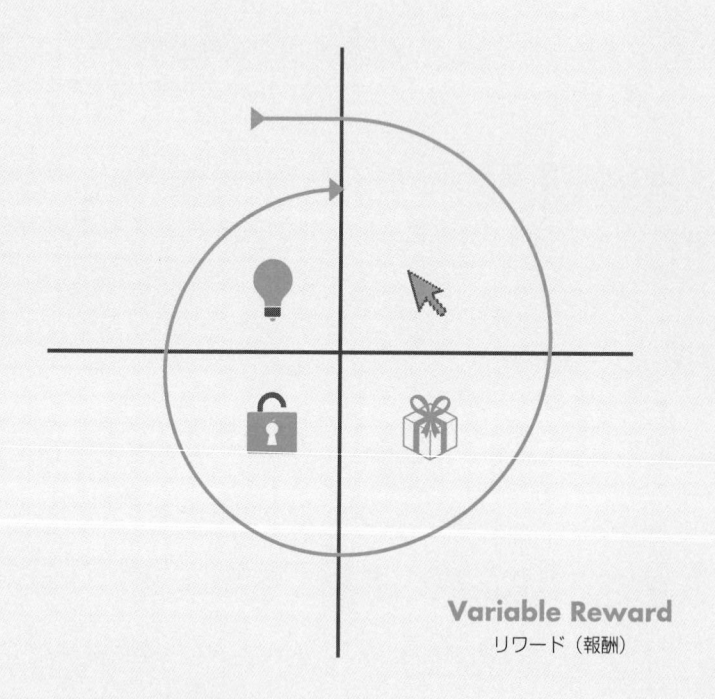

どのようなビジネスでも、最終目標はユーザーの目的の達成を助けることだ。前章で学んだように、目的を果たすための作業ステップを少なくすることで、意図した成果が実現される可能性は増大する。しかし、ユーザーとつながるためには、プロダクトがしっかりと結果を出さなければならない。トリガーの章（Chapter2）で論じたような関係性を形成するのに必要なのは、プロダクトが信頼できる問題解決策であるとして、ユーザーに依存されるようになることだ。それは、痒み止めの軟膏のような存在だ。

フック・モデルの3番目のステップは、予測不能な報酬（リワード）である。この段階では、問題解決によりユーザーに報酬を与え、結果的に過去の段階でとった行動のモチベーションを強化することができる。報酬（特に予測不能な報酬）を与える理由を理解することは、とても重要であり、まずは脳の奥深くを覗いてみよう。

Understanding Rewards
報酬とは何か

　1940年代に、二人の研究者、ジェームズ・オールズとピーター・ミルナーが、偶然、人間の欲求をつかさどる脳の特別な部分を発見した。実験用のマウスの脳に電極を埋め込み、側坐核と呼ばれる脳のわずかな領域に電気ショックを与えられると、マウス達はすぐに興奮状態となったのだ[69]。

　オールズとミルナーは、そのマウス達がショックを与えるレバーを押し続けるためには、水や食料に目もくれず、痛みを伴う電極板の上をも平気で横切ることを証明した。数年後、別の研究者達が同じ脳内の部分における、刺激の自己投与に関する人間の反応について実験を行った。その結果は、マウス実験と同じくらい劇的であった。被験者達は脳を刺激するボタンを押す以外何もしたがらなかったのだ。装置の電源を切った時でさえ、彼らはボタンを押し続けた。ボタンを離そうとしない被験

者達からは、無理やり装置を奪い取らなければならないほどであった。

オールズとミルナーは、以前の動物実験で実証された結果に基づき、脳の快感を感知する部分を発見したと結論付けた。実際、私達は「気持ちのよいもの」が同一の神経領域を活性化させることを知っている。セックス、美味しい食べ物、バーゲンセール、そしてデジタル機器の多くさえもが脳の奥深い部分に働きかけ、私達の行動を後押しする。

しかしながら、最近の研究によれば、オールズとミルナーの実験において、快楽自体は与えられていなかったことがわかった。スタンフォード大学のブライアン・ナットソン教授は fMRI [70] で、賭博を行う人の脳の血流を検証する実験を行った。被験者が賭け事をしている間、ナットソンと彼の研究チームは被験者の脳のどの部分がより活発に働いているのかを検証したのだ。結果は驚くべきもので、報酬を与えられた（この場合は金銭の支払い）時には側坐核は活性化せず、それを期待している時にもっとも活性化することがわかった。

この研究により、私達に行動を起こさせるのは報酬自体から受け取る感覚ではなく、その報酬に対する欲求を解放することであることが示された。オールズとミルナーがマウス実験でもわかるように、欲望により引き起こされるストレスは、私達を駆り立てる傾向にあるということだ。

Understanding Variability
予測不能とは何か

もしも、はじめて犬と遭遇した赤ちゃんの動画を見たことが一度もなかったら、ぜひ YouTube で見てもらいたい。そのビデオは、とてもかわいらしいだけではなく、非常に重要な脳神経の伝達方法を理解するのに適している。

最初に、赤ちゃんの表情は、「この毛むくじゃらのモンスターは、ぼ

くのおうちで何をしているのかな。ぼくに痛いことするのかな。次は何をするのかな」と言っているようだ。この赤ちゃんは今、好奇心に満ち溢れていつつも、この生き物が自分に危害を加えないかという不安も同時に感じている。しかし、すぐにこの犬（ローバー）が危険ではないということに気付き、一緒に笑いたくなるような楽しい笑い声を上げる。恐怖や危害の心配がない場合、当惑や不安によって引き起こされる動揺を解放する方法に笑うという行為があるという説は、研究者の間でも信じられている[71]。

この動画から見えてこないのは、時間を経ての変化だ。この動画が撮影されてから数年も経つと、赤ちゃんは子どもになり、ローバーの行動を予測できる年齢になる。ローバーを見てわくわくしていた気持ちは、子どもの中で薄れていく。そうなると、五感を刺激するダンプカーや消防車、自転車や新しいおもちゃが子どもの頭の中をいっぱいにしていることだろう。だが、それも意外性を失うまでだが。変化を伴わないものに対して、私達はこの子どものように、次に起こることが予測できるようになった時点で、その経験から得られる興奮を感じにくくなる。この法則は、あらゆるプロダクトに当てはまる。私達の興味を惹きつけるためには、どんなプロダクトでも絶え間なく目新しさを維持しなければならない。

人間の脳はこの何千年もの時を経て、様々なものの仕組みを理解できるよう進化してきた。とりとめのない関係を理解した段階で、私達はその情報を記憶という媒体の中にしまいこむ。習慣というのは単に、覚えている手順や工程に対し、適切な反応を脳から素早く引き出す動きなのである。習慣があるからこそ私達は無意識にまたは、ほとんど意識することなしにできることをしながら、他のことにも注目する余力を残しておける。

しかし、物事の因果関係が想定できるパターンをはずれた時、たとえば日常から大きく逸脱した出来事に遭遇した時、私達は急にそれを意識

するようになる⁽⁷²⁾。目先の変わったものというのは私達の興味を惹き、注意を払うよう仕向けることができるのだ。そして、人懐っこい犬にはじめて出会った赤ちゃんのように、私達はその虜になってしまう。

Rewards of the Tribe, Hunt, and Self
トライブ（集団）、ハント（狩猟）、セルフ（自己）の報酬

1950年代、心理学者のBFスキナーは予測不能性がどのように動物の行動を左右するかを理解する実験を行った⁽⁷³⁾。始めにスキナーは、レバーを押すと餌が出るように設定された箱の中にハトを入れた。オールズとミルナーの実験マウスと同様に、ハト達はレバーを押すと餌が出る因果関係を学んだ。

次の実験では、スキナーは実験に変化を加えた。これまではハトがレバーを押すたびに餌を与えていたのだが、今度は無作為な回数、レバーを押すと餌が与えられるように機械を設定した。ある時は餌が出るが、ある時は餌が出ない。スキナーは断続的な見返りによってハト達がレバーを押す回数が劇的に増えたことを証明した。変化を与えることで、ハトが意図された行動をとる回数が増えたのだった。

スキナーの実験のハト達は、私達の行動がどのようなものに左右されるかを雄弁に物語っている。さらに最近の実験で、多様性は即座核がつかさどる行動を活性化し、神経伝達物質ドーパミンのレベルを抑圧し、見返りへの追及を駆り立てるという結果が出ている⁽⁷⁴⁾。研究者達は即座核におけるドーパミンレベルの増加は、魅力的な女性の画像を見たヘテロセクシャルな男性の研究の場合と同様に、金銭的な見返りが受けられる実験でも見られるとしている⁽⁷⁵⁾。

私達の興味を惹く多種多様なプロダクトや経験にも、予測できない報酬がついてくる。それらは私達にeメールやブラウズやバーゲンショッ

プをチェックするように駆り立てるのだ。そして、その報酬を私は3つのタイプに分けた。それはトライブ（集団）、ハント（狩猟）そしてセルフ（自己）だ（図4-01参照）。習慣化をうながすプロダクトは、これらの予測不能な報酬を1つ以上利用している。

Rewards of the Tribe
トライブ（集団）の報酬

　私達人間は互いに依存する種族である。トライブの報酬、または社会的な報酬は、他の人達とつながっていることによりもたらされる。私達の脳は、自分自身が受け入れられていること、魅力的であること、重要であることといった報酬を探して求めている。そして多くの教育機関や産業はこの社会的な地位を強化させることによって成り立っているのだ。市民団体や宗教団体から、観客動員力のあるスポーツ戦、トーク番組までもが、私達に社会的な結びつきを重要視させ、社会的な価値観の

図 4-01　習慣化をうながすプロダクトの報酬タイプ

習慣化をうながすプロダクトは、下に挙げた予測不能な報酬のタイプから1つ以上を利用している。

Three Variable Types
予測不能な報酬の3タイプ

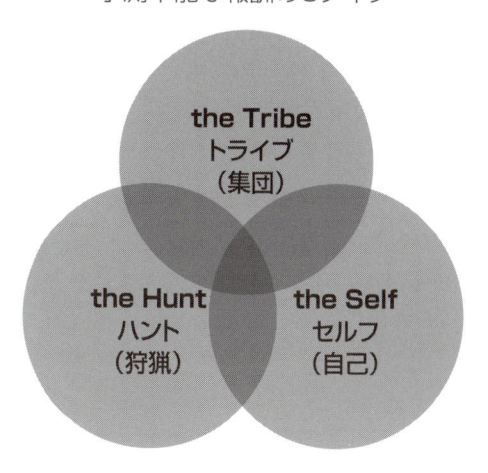

- the Tribe トライブ（集団）
- the Hunt ハント（狩猟）
- the Self セルフ（自己）

4. リワード（予測不能な報酬）

形成に大きく関わり、どのように時間を過ごすかを決定させるのである。

　ソーシャルメディアが爆発的な人気を博していることも驚きではない。Facebook、Twitter、Pinterestなどは、様々なタイミングにおいて、合計10億人以上に強力な社会的な報酬を提供している。ユーザーはポスト、ツイート、ピンといった方法で自身の社会的な存在価値を求める。このトライブの報酬によって、ユーザーにまたサイトに戻りたい、もっと欲しいと思わせるのだ。

　トライブの報酬を使ったサイトは、心理学者アルバート・バンデューラが言うところの「社会的学習理論」の恩恵を受けている[76]。バンデューラはふるまいの能力や他者から学ぶという人間の特別な能力を研究した。その研究では、特に、特別なふるまいに対して報酬を与えられている人が、その後のアクションや意見を変える可能性を示したのだ。さらに、これは、自分と似ているユーザーや、自分よりもわずかに経験のある人（すなわちロールモデルになるような人）が行う場合に特に有効だということをバンデューラは証明した[77]。これはまさにFacebookなどのソーシャルメディアやStack Overflowのような特定の業界に特化したサイトがターゲットとするユーザー層や関心レベルのセグメンテーションに当てはまる。

　それでは、トライブの報酬の例をいくつか見てみよう。

Facebook

　Facebookはトライブの報酬例をいくつも提供している。ログインすることにより、友達がシェアしてくれたコンテンツを表示してくれるし、コメントが出てくる。それに、何人の人が「いいね！」を押してくれたか、その時点での「いいね！」の数もわかる（図4-02参照）。ユーザーがFacebookのページを開いた時の状態は様々だが、それがまたページ

を開く動機になる。

変化するコンテンツは、ユーザーにとって興味あるニュースを探し続ける動機となり、「いいね！」のクリックはその記事を投稿したユーザーに補足不能な報酬を与える。また、「いいね！」とコメントは、コンテンツを投稿したユーザーの集団的な報酬であり、つまり、投稿し続けるためのモチベーションになりうるのだ。

Stack Overflow

Stack Overflow

Stack Overflowは世界最大規模を誇る、ソフトウェアエンジニアのための質疑応答サイトである。Quora、Wikipedia、YouTubeなど、ユーザーがコンテンツを作り出す（user-generated content）サイトは多々あるが、Stack Overflowもそれらと同様に、すべてのコンテンツがユーザーによって無償で作成される。来る日も来る日も、質問に対して5,000

図 4-02 Facebookの「いいね！」

Facebookは多数のトライブの報酬を与える。そのうちの1つである「いいね！」も、その記事を投稿したユーザーにとって、予測不能な報酬となる。

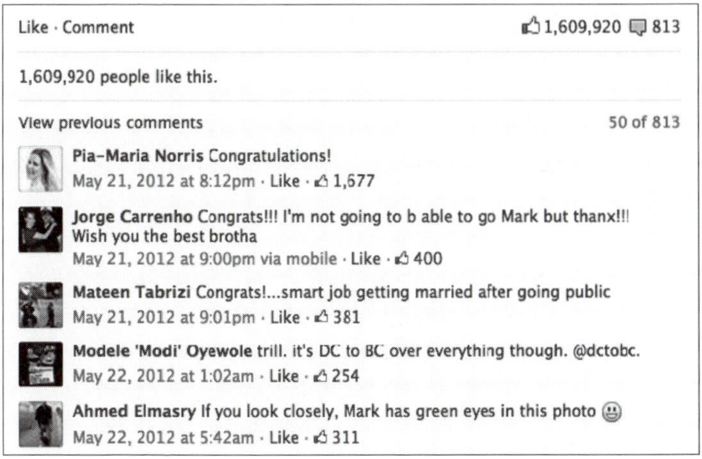

4. リワード（予測不能な報酬）

という、驚くべき数の回答がサイト会員によって寄せられる。それらの回答の多くは非常に詳しく、技術的に高度で、書くのに時間のかかるものだ。なぜそれほど多くの人が、お金ももらわずにそんな時間と労力を費やすのか。他人から見れば、専門的な質問に対する答えを書くのは骨の折れることだろう。サイト会員がそんな努力をするモチベーションになっているのは何なのか。

Stack Overflow の奉仕者が回答を書くのは、コミュニティー（他のユーザー）からの報酬を期待しているからだ。ユーザーが回答を提出するたびに、他のメンバーは、その回答にプラスまたはマイナスの評価をつける。評価の高い回答はランクを上げ、その回答者のポイントは増加する（図 4-03 参照）。ポイントが一定数に達すれば、そのメンバーはバッジをもらえ、これにより、地位と特権を獲得する。もちろん、好意的な投票（その結果としてのポイントとバッジ）を獲得するプロセスは、まったく予測できない。回答をした際には、コミュニティーからどれほど高い評価（プラス数やバッジ数など）を得られるかは、誰にもわからないのだから。

Stack Overflow が機能しているのは、人間なら誰でもそうだが、ソフトウェアエンジニアも含めて、自分が関わっているコミュニティーに奉仕することに満足感を覚えるからだ。そして予測できないという要素が、ありふれた、つまらなそうに見える仕事を、興味深いゲームのような経験に変える。しかし Stack Overflow においては、ポイントは単なるゲームのポイントのようなむなしいものではない。ポイントは自分が同業者にとってどれだけ役に立つのかを示すことができるという特別な価値がある。ユーザーは同業のソフトウェアエンジニアの助けになっているということや、他のユーザーが自分のことを尊敬してくれるということから満足感を得るのである。

League of Legends

League of Legends は有名なパソコンゲームで、2009年の発売以来、瞬く間に大成功を収めた。しかし発売直後、このゲームに深刻な問題があることをユーザーは知った。このオンラインゲームには、「トロル」が大量に発生するのである。トロルとはゲーム上のプレイヤーの匿名性を利用し、他のプレイヤーをいじめて喜ぶ人々のことだ。すぐにLeague of Legends は、「陰険で卑劣なコミュニティー」[78]だという悪評までたってしまった。代表的な業界紙には、「League of Legends は、少なくとも次の2つのことでよく知られている。1つは西洋における無

図 4-03 Stack Overflow の評価

Stack Overflow でユーザーが回答すると、他のメンバーから評価が与えられ、これによって自身の地位や特権という予測不能な報酬が得られる。

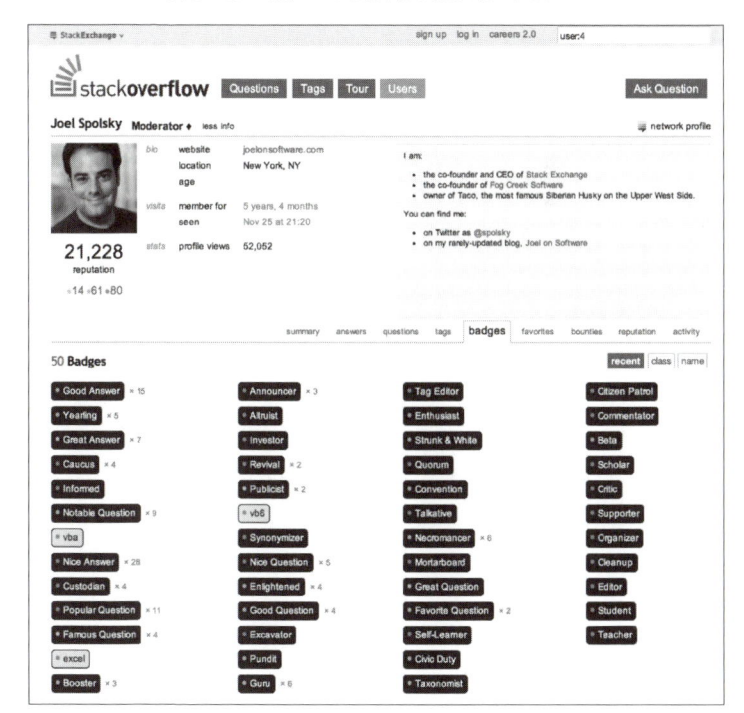

115

料ゲームのパワーを示したこと。もう1つは悪意に満ちたプレイヤーコミュニティーがあること」[79] と書かれた。

トロルと闘うために、ゲーム・クリエイター達はバンデューラの社会的学習理論を利用して、新たな報償システムを作った。名誉ポイント（図4-04参照）である。このシステムでは、スポーツマンシップが高く、賞賛に値する行動に、プレイヤーはポイントを与えられる。こういった評価制度を提供したことで、他人に対して協力的なよい行動をとるプレイヤーがコミュニティーの中で目立つ様になった。名誉ポイントが与えられるかは、自分ではまったく予想できず、他のプレイヤーによってのみ与えられる。名誉ポイントはすぐに、コミュニティー内でのステータスを表す勲章となった。そして「誰を避けるべきか」を示す指標にもなったことで、トロルを排除するためにも役立ったのだ。

Rewards of the Hunt

ハント（狩猟）の報酬

これまで科学者は、初期の人類はどのように食料を確保してきたのかという人類進化学における重要な問題の答えを見つけようとしてきた。

図 4-04　League of Legends の名誉ポイント

League of Legends で得られる名誉ポイントは、トライブの報酬であり、コミュニティー内でのステータスを表す勲章となった。

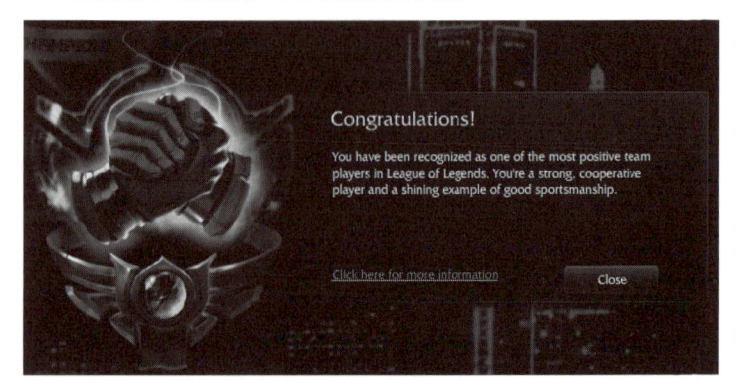

Congratulations!

You have been recognized as one of the most positive team players in League of Legends. You're a strong, cooperative player and a shining example of good sportsmanship.

Click here for more information　　Close

多くの科学者は人類が動物性たんぱく質を摂取するようになったことは栄養面において、そして突き詰めればより大きな脳を得るために大変重要な節目だったと考えているが、そこにいたるまでの詳しい狩猟の方法に関しては定かでない[80]。私達の祖先が50万年ほど前から狩猟のために槍や弓を手作りしていたことはわかっているものの[81]、肉食の歴史についてはさらに200万年ほど前まで遡ることになる[82]。では、人類はその歴史の最初の75%の間、どのように狩りを行っていたのだろうか。

ハーバード大学の進化生物学者であるダニエル・リーバーマンによれば、初期の人類は「持久狩猟」という、地球上の農耕が行われないある地域において現在も実践されている方法で動物を狩っていたという。狩猟民族の1つであるアフリカ南部に住むサン族は、鹿に似たクーズー（ウシ目ウシ科）という動物を持久狩猟と同じような方法で狩猟しており、リーバーマンによれば、人類はその歴史のほとんどの期間、この方法で狩りを行っていたという。野生動物を狩るために経た人類の進化は、私達が特定のプロダクトを使わざるをえない説明になるかもしれない。

アフリカのサン族の狩猟は、大型の雄のクーズーを群れから引き離すことから始まる。重い角を有する雄のクーズーは動きが遅いため、雌に比べて機敏に動けないからだ。一頭を群れから引き離すと、サン族の一人が狩りを開始する。恐れから逃げ惑う獲物を、ずっと同じ速度で追跡する。始めのうちは、跳躍する獣に追いつけないように見える。時には、乾いた低木に遮られて獲物を見失いそうになることもある。

しかし、サン族のハンターは、クーズーの弱点を知っている。まず、クーズーの皮膚は毛で覆われており、熱を放散させることができない。そして、短距離を走る際は早いが、リーバーマンによると「四足動物は呼吸とギャロップ（力強く大きな歩幅でのスキップ・ジャンプ）を同時にはできない」[83]ので、クーズーは止まらないと息が吸えない。そしてハンターは、ずっと同じ速度で追いかけながら、徐々に距離を縮めていく。

4. リワード（予測不能な報酬）

捕まえるために追うのではなく、獲物がもう走れなくなるまで走らせるのだ。

アフリカの暑苦しい太陽の中8時間走り回った後、クーズーは最後の力を振り絞って戦いを挑んでくるものの、最終的には諦めるのである。貧弱な体重100ポンド（約45kg）のサン族のハンターは、500ポンド（約220kg）のクーズーを進化が与えてくれた己の持久力と身体のみで仕留められるのだ。そして、クーズーを仕留めると、自分の子ども達や同じ部族のメンバーにその獲物を分け与えるために、クーズーの首の血管に穴を開け、速やかに殺すのである。

霊長類特有の体毛を失い、直立二足歩行を得た人類は、他のほ乳類に比べ優位になった。同じ速度で走り続けられる人類の能力は、原始時代に大きな獲物を狩ることを可能にした。しかし、持久狩猟は人類の身体のみが可能にしたわけではなく、私達の脳の変化がさらに重要な役割を果たしたのである。

追跡時、ランナーは追跡そのものによって駆り立てられる。そして同様の心理状態が、今日における私達の際限ない欲望を理解する手がかりにもなるのだ。サン族のハンターが執拗なまでにクーズーを追うということは、私達が絶えずものを欲しがり、ものを買うメカニズムと同じだ。原始人からビジネスマンまで、長い年月を経ても、心理プロセスは狩りの時のそれと同じなのである。

この、資源を探し続けることは報酬の1つになる。それはすなわち、「ハント（狩猟）の報酬」だ。食べ物や、生き延びるために必要な物資を獲得することは、私達の脳の仕組みの一部である。しかし、原始時代に食べ物を狩っていた人間は、今日別のものを狩っている。現代社会において、食べ物は現金で買うことができるようになり、その延長線上には情報がお金に変換される時代が到来した。

VARIABLE REWARD 4

　ハントの報酬は、コンピュータが出現する遥か昔から存在していたが、現在は情報や資源に関連付いた報酬となっている。サン族のハンターが獲物を追いかけるように、私達は情報や資源を追い求めているのだ。

　それではハントの報酬を求める人間の習性に基づいて、生み出されたプロダクトをいくつか紹介しよう。

Machine Gambling
ギャンブル・マシン

　ほとんどの人は、ギャンブルというものがプレイヤーよりもカジノやブローカーに利があるようにできているのを知っている。古いことわざにあるように、「カジノ（元締）が常に勝つ」のだ。こうしたことを知っておきながら、数十億ドルの産業であるギャンブル産業は繁栄し続けている。

　スロットマシンは、ハントの報酬の古典的な例である。アメリカのカジノのギャンブラー達は一日あたり10億ドルもの大金を、平気でスロットマシンに費やす。これは、スロットマシンがプレイヤーを惹きつけている証拠だ[84]。ランダムな回転数で賞金を与えることによって、ギャンブラー達は大当たりの夢を見る。もちろん、勝てるかどうかをギャンブラーはコントロールできない。しかし、このスロットマシンが見せる夢は、人をやみつきにさせる。

Twitter
Twitter

　フィード（feed）は多くのオンラインプロダクトにとって、非常に重要なものになった。スクロールするとインターフェースに表示される無限の情報の流れは、魅力的なハントの報酬である。たとえばTwitterのタイムラインにはつまらない情報と必要な情報が混在している。この混

在により、魅力的で予測できないユーザー体験を演出する。ユーザーはタイムラインに興味をそそるニュースを見つけられることもあるが、見つけられないこともある。より多くの情報を得るのに必要なのは、ただマウスを動かしたり、指で画面をスクロールしたりすることだけだ。ユーザーはスクロールして、スクロールして、スクロールすることで、価値あるツイートという報酬を探し求めるのだ（図4-05参照）。

Pinterest

　世界中で毎月5,000万人以上のユーザーを有するまでに成長した、PinterestはTwitter同様にフィードを使用する。しかし、ビジュアルに工夫がされていることが特徴だ[85]。Pinterestのピンボードは、さながら仮想バイキングのようによりどりみどりだ。サイトは、それぞれの

図 4-05　Twitterのスクロール

Twitterではスクロールすることでツイートから情報が得られる。このスクロールという動作がハントの報酬を産む。

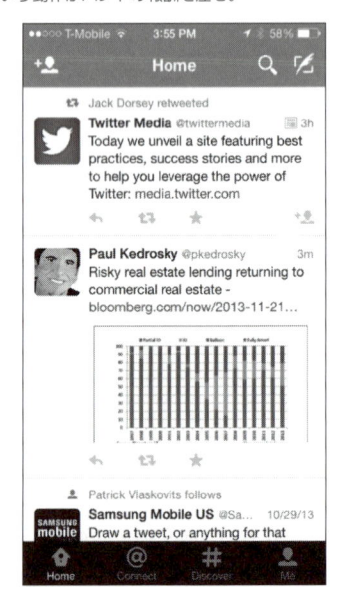

ユーザーによってキュレーションされており、興味をそそるコンテンツが次々に現れる仕組みだ。

　Pinterest のユーザーは常にどんなものがサイトで見つかるかはわからない。ユーザーにスクロールをし続けてもらうために、この会社は普通ではないデザインを採用している。ユーザーがサイトをスクロールしていくと、一番下に途切れた画像が出てくる。画像はブラウザの外に隠れているように見えるのだが、この途切れたイメージは、その先にある画像を少しだけ見せている。このチラ見せによって好奇心を掻き立てられたユーザーがさらにスクロールすると、全体像が明らかになる（図4-06 参照）。そして、画像は途切れることなく表示され、報酬を求める狩りは無限に続いていくのだ。

Rewards of the Self
セルフ（自己）の報酬

　最後の報酬は個人的な満足感だ。私達はたとえ満足感に直接結びつかなかったとしても、障害を乗り越えるということに惹きつけられる。課

図 4-06　Pinterest のピンボード

Pinterest は、画面に終わりがなく、その行為によってハントの報酬が得られる。スクロールし続けることで全体像が明らかになる。

された作業を完遂するというのは、様々な形で人の行動に影響を及ぼすのだ[86]。驚くべきことに、傍から見るとまったく楽しそうに見えない作業であっても、私達は報酬を探していることがあるのだ。たとえば、何の賞金も満足感も与えてくれないジグソーパズルを完成するために、正しくはまるピースを見つけるといった骨の折れる作業であれ、それは素晴らしく魅惑的な苦闘にもなる。

セルフ（自己）の報酬は、エドワード・デシとリチャード・ライアンの研究で示された「モチベーションの本質」によってもたらされる[87]。彼らの示した自己決定理論において、人は他のどんな願望よりも、自分には能力があるという感覚を得たいという願望が強いという。さらにミステリアスな要素が加わることで、その願望はさらに魅惑的に映るものだとしている。

それでは、セルフ（自己）の報酬例を見てみよう。

Video Games

ビデオゲーム

セルフの報酬は、ビデオゲームの方向性を決定付ける重要な要素だ。プレイヤーはゲームを進めるために必要なスキルを得たり、レベルアップしたり、特殊能力を獲得したりする。こういったゲームのメカニズムによって、ゲームを進展できたり、エンディングを迎えたりすることにより、自分の能力を感じたいというプレイヤーの願望が満たされる。

たとえば、人気のオンラインゲーム「World of Warcraft」では、ゲームが進むにつれ、キャラクターは新しい能力を獲得できる（図4-07参照）。よりレベルの高い武器を装備したい、まだ地図にない場所に行きたい、キャラクターのスコアを向上させたいなどの欲望が、プレイヤーのモチベーションを上げ、より長い時間ゲームをプレイさせることになる。

Email
e メール

　ゲームのような体験に影響されるのは、なにもゲームオタクだけではない。ただのeメールも、達成感、完了、そして能力の向上といった一連の流れを作り上げることで、ユーザーにとっては、しばし無意識に行われる習慣となる。ふと気がつくと、特に理由なくメールをチェックしていることがないだろうか。どんなメッセージが来ているかを無意識のうちにチェックしていることがあるかもしれない。未読のメールがいくつあるかを確認することが、多くの場合は完了すべき目的になるのだ。

　しかし作業をやって「報われた」と思うには、ユーザーが達成感を感

図 4-07　World of Warcraft の能力

オンラインゲームの World of Warcraft では、ゲームを続けることで、
セルフの報酬としての新しい能力を身につけられる。

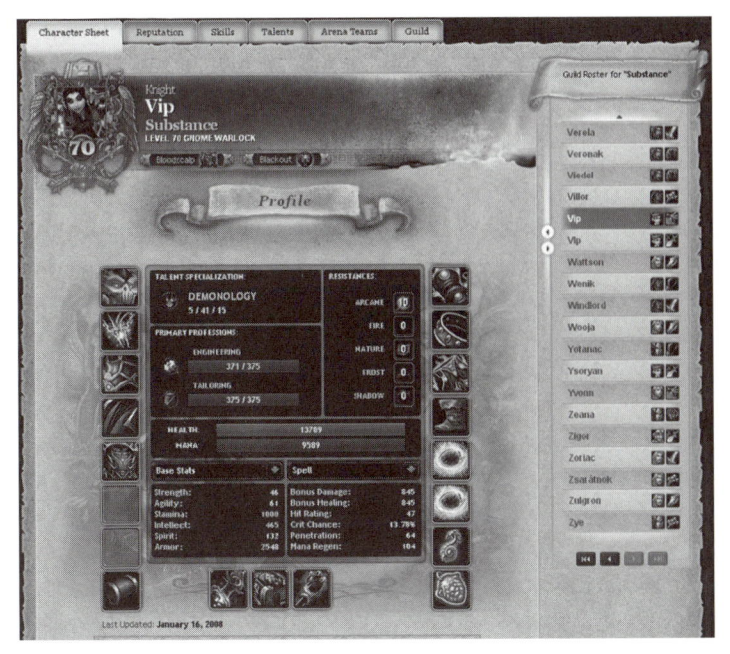

じなければならない。ファイル共有サービスの Dropbox が 2013 年に 1 億ドルで買収したとも噂されるメールアプリの Mailbox は、e メールの受信フォルダに振り回されるといった、ユーザーのストレスを解消しようとしている[88]。Mailbox では、簡単な動作で受信メールを振り分けられる。それにより、ユーザーは「インボックス・ゼロ」状態、すなわち未読のメールが一通もない究極の状態に達することも可能になる（図 4-08 参照）。この Mailbox では、メールのフォルダへの移動は手動で行う必要がある。また、優先度の低いメールは単に受信箱から見えなくなるようにしておいて、時間が経ってから再び現れるようにしているだけだ。しかし、ユーザーに、受信箱をより効率的に処理しているという感覚を与えることにより、Mailbox は他のメールシステムにはないものを供給してくれる。それは完了と達成感である。

図 4-08 Mailbox の受信箱

Mailbox では、受信箱にあるメールを振り分けて未読の状態に達することがユーザーにとってセルフの報酬となる。

Codecademy

　プログラムを学ぶことは、簡単なことではない。ソフトウェアエンジニアが、実用的なコードを書く自信とスキルを身につけるためには、何年とは言わないまでも、数か月間は必死に学ばなくてはならない。多くの人がソフトウェア作成の能力を取得しようと試みるが、新しいコンピュータ言語を学ぶという退屈な過程にイライラして、挫折してしまうのだ。

　Codecademyはコーディングを学ぶ課程をより楽しく、達成感を覚えるものにしようとしている。このサイトでは、ウェブアプリやアニメーション、ブラウザゲームの作り方を段階的に学ぶことができる。プログラム全体のコーディングを学ぶ従来の方法に比べて、インタラクティブなレッスンはすぐにフィードバックが得られる。Codecademyでは、ユーザーがたった1つコードを入力すれば、それが機能するかどうかを瞬時に教えてくれるのだ。

　新しい技術の習得は数多くの失敗の上に成り立つものだが、Codecademyはそれを逆手に取っている。タスクの完了後に起きることには未知の可能性があり、ゲームのように、ユーザーは学ぶ過程で報酬(時に成功、時に失敗)を得られる。能力が上がるにつれ、ユーザーは自らレベルを上げようと努力し、カリキュラムをこなしていく。Codecademyの特徴である、習得と瞬時のフィードバックは、それ自体が自己の報酬となり、困難な学習の道のりを有意義なチャレンジに変える(次ページ図4-09参照)。

Important Considerations for Designing Reward Systems：
Variable Rewards Are Not a Free Pass

報酬システムをデザインするのに大切なこと：予測不能な報酬はフリーパスになりえない

　2007年5月にMahalo.comというサイトが誕生した。サイトの目玉は質疑応答からなるMahalo Answersというフォーラムである。それまでのQ&Aサイトと異なり、Mahaloは質問者と回答者に特別な動機を持たせた。

　まず質問を投稿する人が「Mahalo Dollars」と呼ばれる仮想通貨の報奨金を設定する。そしてもっともよい回答をした人にその報奨金が送られるのだ。ちなみにこの仮想通貨は現実の通貨に交換することが可能で

図 4-09　Codecademyの学び

Codecademyでは、コードを入力すると瞬時にフィードバックされることで、コーディングを学ぶ過程でセルフの報酬が得られる。

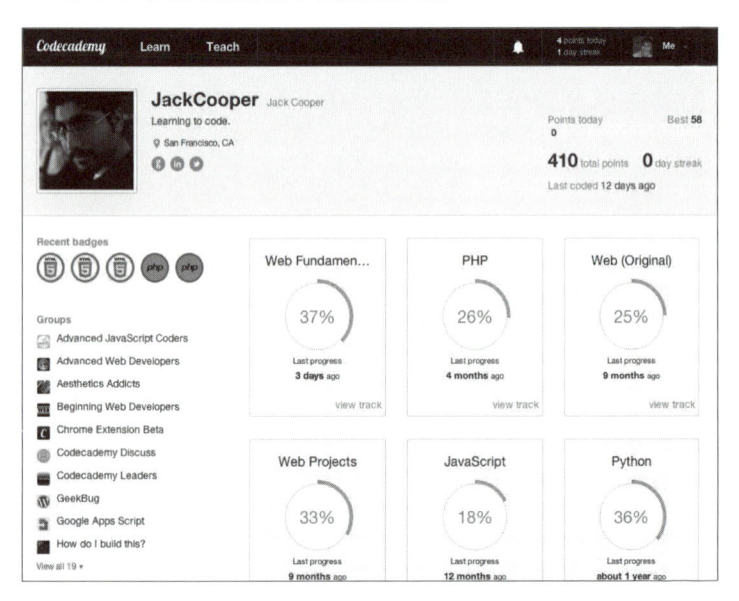

ある。Mahaloの創設者達は報奨金を設定することで、ユーザーの集客と利用の習慣化が可能になるという考えだった。

　スタート当初、Mahaloは多くの関心と取引を集めた。多い時には、ひと月に1,410万人もの世界中のユーザーがサイトを訪れた[89]。しかし時が経つにつれて、ユーザーは興味を失い始めた。報奨金の配当システムは機能し続けたが、なぜかユーザーは金銭的な報酬に対して十分な魅力を見い出すことができなかったのだ。しかし、ユーザーを確保しようとするMahaloの努力の甲斐あって、別のQ&Aサイトがブームになり始めた。Facebookの元従業員だった2人によって2010年に立ち上げられたQuoraは、すぐに人気を博した。Mahaloと違って、Quoraではユーザーの質問に回答しても金銭は支払われなかった。ではなぜ、金銭報酬を用意したMahaloではなく、Quoraに多くのユーザーが集まったのだろうか。

　Mahaloの場合、ユーザーに金銭を支払えばサイトへの再帰性を生み出せると経営陣は想定していた。結局のところ、みんなお金が欲しいのではないか。残念ながら、Mahaloはユーザーの欲求を完全には理解していなかったのだ。

　ユーザーはお金欲しさにQ&Aサイトを利用したいわけではない、ということを企業は最終的に理解した。もし金銭的な報酬への欲求がトリガーだったのなら、ユーザーは時給を稼ぐためにより一層サイトに時間を費やしていただろう。そして、もしも支払がスロットマシンのようにランダムな回転数で賞金を与えるように発生するものであったならば、報酬はあまりにも稀かつ少額すぎて話にならなかっただろう。

　しかし、社会的な報酬や仲間からの認知の変化が十分なモチベーションになりうるということをQuoraは明らかにした。Quoraは、回答に対するユーザーの満足度や安定した社会的フィードバックの流れを生み出す投票システムを制定した。Quoraの社会的な報酬は、Mahaloの金

銭的報酬よりはるかに魅力的だったのだ。

　ユーザーにとって何が重要なことなのかを理解すれば、企業は適切な報酬を選択でき、結果的に意図した行動をユーザーにもたらせるのだ。

　最近では、「ゲーミフィケーション」、すなわち、非ゲーム的な環境にゲーム的な要素を盛り込むことが様々な成功例に用いられている。ポイントやバッジ、スコアボードなどはユーザーの痒いところに手が届いた場合のみ効果的ではある。しかし、ユーザーが抱える問題と企業の提案する解決策がマッチしていなければ、どんなにゲーミフィケーションを加えても足しにはならない。同様に、ユーザーがまったく痒いと感じていない場合にもゲーミフィケーションは失敗に終わる。たとえば、初訪問の時から価値が変わることがないために、繰り返し訪れる必要を感じないサイトは、ユーザーは提供しているプロダクトやサービスに継続的な関心がないということだから、ゲーミフィケーションは失敗するだろう。すなわち、ゲーミフィケーションは、ユーザーとのつながりを強める上では万能の解決策とは言えないのだ。

　報酬は、プロダクトを即座に魅力的なものにするために、設計者がふりかける妖精の魔法の粉というわけではない。報酬は、なぜそのプロダクトが使われるのかという質問に対する答え、そしてユーザーの内的トリガーとモチベーションに沿ったものでなければならないのである。

Maintain a Sense of Autonomy
自主性の維持

　Quoraは、ユーザーの質問と回答の行動と、適切な報酬とを結びつけることで成功した。しかし、2012年8月に、同社は報酬を用いる際に考慮すべきとされていることを追加したが、それは過ちを犯すことになってしまった。Quoraはユーザーとのつながりを増大させようとして、「ビューズ（views）」と呼ばれる新機能を導入した。それは、特定の質

問や答えを訪問した人々のリアルなアイデンティティを露出するものだった。ユーザーに対して、誰がコンテンツを見ているのかというフィードバックをサイトに加えることで、好奇心を掻き立てようとしたのだ。たとえば、ユーザーは、自分が作り出したものをセレブや有名なベンチャーキャピタルの投資家が見た場合にそれがわかるようになった。

しかし、その特徴は結局、裏目に出た。Quora は、サイトでの検索履歴が他者にさらされることをユーザーに知らせずに、この機能を追加してしまった。その瞬間、個人的であったり、気まずかったり、親密であったりする質問を投稿する時や答える時、さらには質問を閲覧する時でさえ、大切な匿名性を失うことになった[90]。利用者からはこの新機能に対する反発が巻き起こり、それを受けて Quora は数週間後にシステムを元に戻し、この機能は登録者のみが利用できる様にした[91]。

Quora の場合、その変更がユーザーにとっては上からねじ伏せるような強要されたものに近かった。影響力のある行為がよいプロダクトを生み出す一方で、高圧的な行為というのは、反発を生み、利用者の信用を損なうリスクを秘めている。

後の章で、市場操作の道徳性について述べるが、道徳的な配慮とは別に、心理学的な自主性という役割には、ユーザーとの関係にどのように影響を与えるかという重要なポイントがある。

フランスの研究の1つに、見知らぬ人にバスの運賃を求められた際に渡す金額は、ある決まった言いまわしによって影響されるのかということを調査したものがある。その調査で研究者達は、人の渡す金額が2倍になる非常に簡単で効果的な方法を発見したのだった。

この言いまわしは、バス代の額に影響を与えるだけでなく、慈善寄付や、ボランティア活動への参加を増やすことにも効果があった。実際、22,000人以上の参加者を含んだ42の研究の最新メタ分析によると、い

4. リワード（予測不能な報酬）

くつかの特定の言葉を含む言いまわしを要求の最後に置くことで、信用を得られるかつ、人が「はい」と答える回数をほぼ2倍にできることがわかったのだ[92]。

では、研究者達が発見した魔法の言葉は何であろうか。それは、「それを受けるも、断るもあなたの自由です」。

この「それはあなたの自由だ」のテクニックは、選択能力が再確認されると、私達がどれほど説得されやすくなるかを示すものである。これは人と人との直接的な交流だけでなく、eメールにおいても効果が見受けられる。この研究は、プロダクトやサービスにどのようにこのテクニックが使えるかを調査したものではないが、どのように企業がユーザーの注目を維持したり、あるいは失ったりすることになるのかという重要な洞察を与えてくれる。

フランスのバス代の研究で示されたように、なぜ人に選択の自由を認識させることが効果的なのだろうか。

研究者によれば、「それはあなたの自由だ」というフレーズは、私達が選択を指示されることへの本能的な拒絶を和らげるものだというのだ。母親にコートを着て行けと言われることに不満を持ったり、上司が細かいことまで管理することに対して頭にきたりするのは、心理学者達の言う「心理的リアクタンス（reactance）」を経験しているということになる。心理的リアクタンスとは、抵抗を意味し、すなわち、人は自主性を奪おうとするものに対して、敏感に反応を返すというのだ。

しかしながら、そうした要求が選択する権利とともに告げられる場合は、心理的リアクタンスは発動しない。しかし、自主性と心理的リアクタンスの原理を、プロダクトによってユーザーの行動を変え、新しいユーザーの習慣を形成することに応用できるのだろうか。ここではそのようなケースを例として2つ挙げるが、もちろん、それを受け入れるか否か

はあなたの自由である。

　より良い栄養習慣を作り出すことは多くのアメリカ人にとって共通のゴールである。アップルの App Store の調べでは、「diet（ダイエット）」という単語で検索すると、3,235 のアプリが出てきて、それらのすべては余分な体重を落とす助けになることを謳っている。この長いリストの最初に出てくるアプリは MyFitnessPal で 35 万人以上が使っている。

　1 年前、私は数キロの減量を決意し、このアプリをインストールして使い始めてみた。MyFitnessPal はシンプルで使いやすく、食べたものを記録すると、目標体重から算出したカロリースコアを提示してくれた。

　数日間、私はプログラムに忠実で、食べたものすべてを入力した。もし私がペンと紙で食べたものを記録する様な人間だったなら、MyFitnessPal は歓迎すべきプロダクトであっただろう。

　けれど私は、MyFitnessPal を使用する以前から、カロリーを記録する様な人間ではなかった。また、アプリを使い始めた頃は新しさから興味があったが、すぐに面倒になった。食べたものの記録をつけることは私にとって日常生活の一部ではなく、私がアプリに求めたことでもなかった。私は体重を減らしたかった。そして、アプリはカロリーを減らすための厳しいメソッドを、摂取したカロリーと使ったカロリーをもとにして、私に知らせてくれた。残念ながら、食事を入力するのを忘れると設定されたプログラムに戻れなくなることを知った。それを知ったとたん、その日の食事から取ったはずの栄養は、一切意味がなかったことにさせられたような気分になった。

　つまり、私は、携帯電話に食事という罪を自白させられているように感じ始めたのだった。友であるはずのアプリは苦痛になった。はじめにアプリをインストールすることを決めたのは私だったのだが、よかれと思ってやったことにも関わらず、やる気は失せ、アプリの使用がおっく

うになってしまった。ミステリアスでまったく新しいふるまい（私の場合はカロリー計算と記録）を始めることで、私が自主的にやりたいと感じたものは、私がやらなければならないことになってしまったのだ。残された唯一の選択肢は最後まで使うか、使うのをやめるかであった。それで、私はやめることを選んだ。

その一方で、Fitocracyなどの健康管理アプリは習慣を変える方法がまったく違っていた。これらのアプリの目的は似たり寄ったりだが、より良い食事と運動の習慣付けをサポートすることである。それらに共通して言えるのは、ユーザーにとって、しなければならないことではなく、したいと思わせるために、身近な習慣を利用しているということだ。

Fitocracyの最初の使い心地は、他の健康管理アプリ同様に、新しいユーザーにはカロリー摂取と消費を記録する様にうながす。しかし、Fitocracyが他のアプリと違うのは、私がMyFitnessPalで挫折した様に、ほとんどのユーザーが使用を挫折するだろうと予見し、現在ある自主性という習慣を巧みに利用するというところである。

私のリアクタンス警報が鳴り出すよりも早く、サイト上で他のメンバーから報酬を受け取ることになった。それははじめてジョギングの記録を入力した際だった。誰が私にバーチャルな励ましを送ってくれているのかを知りたくてログインした。そこで、私はすぐに「mrosplock5」という女性ユーザーから投稿された、ランニングの時のヒザの痛みをどうすればいいのかという質問を見つけた。似たような経験を数年前にしていたので、私は「裸足（または、もっとも軽い靴）で走ると、ヒザの痛みを軽減することができますよ。変に思うかもしれないけど、本当に効きますよ！」とすぐに簡単な返事を送った。

もう長い間Fitocracyを使用していないが、人が簡単にハマってしまう理由はわかる。第1にFitocracyはオンライン・コミュニティーなのだ。このアプリは、現実世界のジムで友達同士のおしゃべりをうまく模倣し

ている。うまが合う人同士がつながるという現象は、Fitocracy が出現するはるか前から存在していた。Fitocracy はつながるということに重点を置いて、ユーザー同士の励ましやアドバイス、そして賞賛を互いに簡単に送り合えるようにしたのだ。実際に、最近の調査では、ユーザーがサービスを利用し、他の人にもそれを勧める一番のポイントは、そのサービスの社会的な要素にあることがわかった[93]。

どんな人でも、社会的に受け入れられることを望んでいるのだ。そして、Fitocracy は、その心理を運動につなげ、新しい機能やツールでもってユーザーに新しい習慣を作り上げる。したがって、ユーザーは既存のふるまいを、Fitocracy が提示するソリューションにより、健康的な新しい生活習慣へと簡単に変えることができるのだ。

公平に見た場合、MyFitnessPal にもメンバーを引き込むための社会的な特徴がある。けれど、Fitocracy のそれとは異なり、コミュニティーの対話というベネフィットがあったとしても、それはユーザー体験のスタートには感じられない。

数多くの新しい健康アプリやプロダクトの中で、どれが勝利するかを断言するには早すぎるが、勝つのはユーザー体験がもっとも成功するであろうユーザーテクノロジーである事実は変わらない。つまり、数百万人の日常生活における行動を変えることに成功したものは、それを使うことを強制しない。おそらく、数分間 Facebook を覗いたり、ESPN.com のスコアをチェックしたりするようなちょっとしたアクセスは、上司や同僚の指示や依頼からの逃避であり、私達の純粋なる自主性によって引き起こされている。

不幸なことに、あまりにも多くの企業が、ユーザーがしたいと思うことをさせるのではなく、ユーザーにさせたいと思うことに基づいて、プロダクトを作っている。企業がユーザーの行動を変化させることに失敗するのは、利益を優先することで、サービスを純粋に楽しめないものに

し、これまでの行動をシンプルにさせることなく、新しくて不慣れな行動をユーザーに覚えさせようとするためである。

　行動を変化させることに成功した企業は、既存のニーズを満たすために、従来の方法と、新しくより便利な方法という明白な選択肢をユーザーに提示している。ユーザーにとっての選択の自由を維持することで、プロダクトは新しい習慣を身につけさせた上で、より良い方向とへ行動を変化させる。

　私達が意図しないことをさせるようなやり方、たとえばQuoraがすべてのユーザーに「ビューズ」機能を埋め込んだケースや、MyFitnessPalで不可解な新しいカロリー計算の行動を強制されたといったケースでは、多くの場合、人は自主性を脅かされたと感じて反抗する。行動を変化させるには、ユーザー自身が主導権を握っているという感覚を保証しなければならない。人はサービスを義務的に使いたいのではなく、自主的に使いたいのである。

Beware of Finite Variability

有限的な予測不能性を知ろう

　2008年に始まった『ブレイキング・バッド（Breaking Bad）』というアメリカのテレビドラマ・シリーズは、前例のない称賛と人気を獲得した。このドラマは高校の化学教師であるウォルター・ホワイトがクリスタル・メス（覚せい剤）を製造し、麻薬王になる姿を追うシリーズである。シーズンが進むにつれ、番組内の死者の数と同様に視聴者も増え続けた[94]。2013年のファイナル・シーズンの初回は590万人が視聴し、シリーズの終わりにはテレビドラマ・シリーズの視聴者数のギネス記録を塗り替えた[95]。『ブレイキング・バッド』の成功は才能ある俳優や製作陣の功績によるところも大きいが、その根底には人々をテレビの前に戻ってこさせるための単純な仕組みがある。

VARIABLE REWARD 4

　どのエピソードの中心にも、そしてシーズンの全体的な流れにも、キャラクターが解決するべき問題が存在する。たとえば始めのシーズンでは、ウォルター・ホワイトは対立する麻薬の売人であった。二人の死体の始末をつけるべく奮闘する。解決までの道のりには様々な障壁が用意されており、視聴者はその様子を息を潜めて見守る。ある回では、死んだはずの売人の一人がまだ生きており、ホワイトは死者を再び殺さなければいけないというジレンマに直面する。どの回でも中心となる問題は終了直前に解決に至るが、その時点で、すでに次の問題が浮上しており、視聴者の好奇心を駆り立てるのだ。つまりある回でウォルターが直面している問題の解決を見るには、次の回を見るしかないという構図になっている。

　葛藤、謎、解決のサイクルは、物語自体の歴史と同じくらい古いものであり、すべてのよき物語の核心は予想できないことだ。未知のものというのは、次に何が明かされるのかと私達の注意を掴み、魅惑的で強力なものと映る。研究者が言う、「経験の獲得」と呼ばれる現象は、人は読書する際に、主人公が感じていることを実際に感じるということを示している[96]。私達がそのキャラクターに乗り移って物語の中を進むごとに、彼らのモチベーション（トライブ、ハント、セルフ、それぞれの報酬を探究することも含めて）を疑似体験することになる。私達がキャラクターに感情移入するのは、彼らが私達を突き動かすものと同じものに動かされているからなのだ。

　不確定なものを解き明かす探究というものが、私達を惹きつけるための強力なツールになるのなら、なぜ私達は一度釘づけになったものに対して、やがては興味を失ってしまうのだろうか。多くの人が、テレビドラマや面白い本、新しいビデオゲームや最新機器などに集中的にハマった経験を持つだろう。にもかかわらず、ほとんどの人が数日か数週間で興味を失う。なぜ予測不能な報酬の力は薄れていくのだろうか？

　予測不能な報酬の移ろいやすい性質を表しているよい例として、最近

4. リワード（予測不能な報酬）

大ヒットしたFacebookのゲーム、FarmVilleのメーカーZyngaのケースほど適切なものはないだろう。2009年には、FarmVilleはグローバル時代の中で欠かせないものになっていた。このゲームは、新規プレイヤー獲得のプラットフォームにFacebookを使い、記録を次々と塗り替え、月間アクティブユーザー数を8,380万人にまで素早く伸ばした[97]。2010年に、ゲーム内の「農夫」はデジタル作物を、時には仮想のアイテムやレベルに対して実際の金を支払いながら、収穫しようとするようになり、同社は3,600万ドル以上の収益を上げた[98]。

Zyngaの勢いは衰えず、FarmVilleの成功を複製してさらなる成長の一途をたどろうとしていた。同社は、FarmVilleと同様に貪欲に人々が遊んでくれることを願って、類似したシステムのCityVille、ChefVille、FrontierVilleなどの「Ville」シリーズをすぐにリリースした。2012年の3月には、Zyngaの株価はさらに上昇し、企業価値は10億ドル以上にもなった。

しかし、同年11月、株価は80％以上も下がってしまったのである。Zyngaの新しいゲームは、まったく新しくなかったからだ。Zyngaは、ただFarmVilleを別のパッケージに包み直しただけだったので、プレイヤーは興味を失い、投資家も同じように引いていったのである。「Ville」シリーズは予測不能性を失ったと共に、その生命力も失ってしまったのだった。

Zyngaの話が実証する様に、ミステリーの要素は継続的に利用者の興味を惹きつけるために重要な部分となる。FarmVilleのようなオンラインゲームは、ここで「有限の予測不能性」と呼ばれるものに苦しむことになる。有限の予測不能性とは、経験することで、ある体験が予測可能になってしまうということである。『ブレイキング・バッド』シリーズの結末がどうなるか、視聴者は固唾をのんで見守っていたが、最終回が終わってしまえば皆興味をなくしてしまうだろう。シリーズは、毎回新しいエピソードで視聴者を釘付けにしていたが、最終回を迎えてか

VARIABLE REWARD 4

ら、もう一度シリーズ全体を見ようと思う人はどれくらいいるのであろうか。ストーリーも謎も明らかになってから見ても、はじめて見た時の様に面白くはない。新しいエピソードが追加された場合は視聴率がまた上がるかもしれないが、すでに放映されたエピソードの視聴率は、以前の様に上がることはないのだ。有限的な予測できない体験は、予測可能になることで興味を持たれなくなってしまうのである。

しかし、有限的な予測のもとに成り立つビジネスは必ずしも劣っているわけではなく、異なる制約の中で動いているだけなのだ。このようなビジネスは絶えず新しいコンテンツや体験を提供し、消費者を常に飽きさせない様にしなくてはならない。ハリウッドもゲーム業界も、「スタジオ・モデル」を用いて経営されているというのは決して偶然ではない。スタジオ・モデルとは、財力のある企業が映画やゲームのポートフォリオに保証や配給を用意することだ。どれが大ヒットするかわからないがゆえに、このような方法をとるのだ。

これは、「無限の予測不能性」を示すプロダクトを生産する企業とは対照的である。無限の予測不能性とは、利用に伴う予測不能性を保持することでユーザーの関心を維持することだ。たとえば、クリアが用意されているゲームは有限の予測不能性しか提供できないが、他のユーザーとプレイするゲームは無限の予測不能性を秘めている。それは、プレイヤー自身がゲームの遊び方全体を変化させられるからだ。世界でもっとも人気のあるマルチプレイヤーのオンラインRPG、World of Warcraftは、第一弾がリリースされてから8年経過した今なお、1,000万人以上ものアクティブユーザーの関心を集めている[99]。FarmVilleは主に1人でプレイするゲームだが、World of Warcraftはチームでプレイするため、他者の行動を予測できないことがゲームを面白くしている。

テレビ番組の視聴のような、コンテンツの消費は有限なる予測不能性の例だが、コンテンツの作成は無限の予測不能性をはらんでいる。Dribbbleは、デザイナーやアーティストが自身の作品を発表できるプ

ラットフォームであり、そこには無限の予測不能性が、より長期にわたってユーザーに指示され続けることに貢献するよい例である。このサイトで、投稿者は他のアーティストからのフィードバックを求めて自身のデザインを共有する。トレンドやデザインのパターンが新しく変化するように、Dribbbleのページも変化し続けている。Dribbbleユーザーの作品の多様性はまさに無限であり、絶え間なく変化し続けるサイトは常に新しい驚きを提供してくれるのだ。

YouTubeやFacebook、PinterestやTwitterのようなプラットフォームは、訪問者に終わりのない新鮮な刺激を提供するために、ユーザーが生成するコンテンツを強化している。もちろん、無限の予測不能性を利用しているサイトであっても、ユーザーを永遠に確保できる保証はない。結局のところ、マイケル・ルイスが記した書籍のタイトルを引用すれば、『新しい、新しいもの（The new new thing）』が現れるとともに、前章で論じた理由で消費者達は移行するのだ。しかしながら、無限の予測不能性を利用したプロダクトにはユーザーの関心を保持できる好機がある。一方、予測不能性が有限なプロダクトは、ユーザーの関心を維持するために絶え間なく自らを刷新し続けなければならない。

Which Rewards Should You Offer?
どの報酬を提供すべきか？

基本的に予測不能な報酬のシステムは、常にユーザーのニーズを満たしながら、ユーザーにまた戻ってきたい、また使いたいと思わせなければならない。ほとんどの習慣化をうながすプロダクトとサービスは、トライブ（集団）、ハント（狩猟）、セルフ（自己）といった予測不能な報酬のうち、1つ以上を備えている。実際、多くの習慣化をうながすプロダクトは、複数の予測不能な報酬を提供している。

たとえば、eメールは予測不能な報酬の3つのタイプ、すべてを備えている。何が無意識にeメールをチェックせずにいられなくさせるのか。

まず、誰がメッセージを送ってくるのか不確定な環境がある。私達はeメールに返信する社会的な義務を負っているかつ、人付き合いのよい人と思われたい（トライブの報酬）。eメールにどんな情報が書かれているのか興味がある。もしかしたら自分のキャリアやビジネスに関係あるものが自分を待っているのではないか？　eメールをチェックすると、私達の物質的な所有物や生計に関するチャンスや危険があることがわかる（ハントの報酬）。最後に、eメールはそれ自体が1つのタスクであり、整理をして分類化し、既読のメッセージを削除するといった課題を与える。流動的なeメールの不確定な性質に突き動かされて、私達は受信箱の管理をしたくなってくる（セルフの報酬）。

BFスキナーが50年前に発見したことによれば、予測不能な報酬は行動を繰り返す際の強力な誘因になる。ユーザーが習慣化をうながすプロダクトに戻ってくる要因を理解することで、設計者はユーザーの興味に沿ったプロダクトを作ることができる。

しかし、単純にユーザーが求めるものを与えるだけでは、習慣化をうながすプロダクトにはならない。フック・モデルのステップであるトリガー、アクション、リワードのフィードバックループには、まだ最後の決定的なフェーズが欠けている。次章では、プロダクトを繰り返し使用させる上で非常に重要になってくる、ユーザーが時間や労力、あるいは社会的資本といった投資をプロダクトにしてくれる方法を学んでいこう。

★ ★ ★

Remember and Share
リメンバー・アンド・シェア

◎リワード(報酬)はフック・モデルの３番目のステップだ。報酬には、トライブ、ハント、セルフの３種類がある。

◎トライブ(集団)の報酬は、社会的な報酬であり、他者とつながることで得られる

◎ハント(狩猟)の報酬は、物理的な報酬や情報である

◎セルフ(自己)の報酬は、本質的な報酬だ。専門的な技能や能力の習得、完成への意欲などがこれにあたる

◎人間は自分の選択を自分で決めたい、新しい行動をとりたいといった自主性が侵されると、無意識に抵抗を感じるが、これは「心理学的リアクタンス」と呼ばれている。すなわち、ユーザーの自主性を維持することが、リピーターの獲得につながる

◎体験の振れ幅が限定されていると、長く利用するにつれて先が読めるようになり、魅力が失われていく。興味を失わせないためには、プロダクトやサービスに無限の可変性が組み込まれていることが必要だ

◎報酬はユーザーのニーズを満たすものであると同時に、繰り返して使うことを喚起するものでなければならない

VARIABLE REWARD 4

∗ ∗ ∗

DO THIS NOW
今すぐやってみよう

　前章の「DO THIS NOW」の回答を思い出しながら、次の問いに答えてほしい。

- **Q** ユーザー5人にインタビューを行い、あなたのプロダクトやサービスのよい点や利用の動機を探ってみよう。よい感触、意外な答えはあっただろうか？ ユーザーが特に魅力を感じている点があっただろうか？

- **Q** あなたのプロダクトを利用する際にユーザーが通るステップを見直そう。どのような報酬を用意すれば、ユーザーのストレスを緩和できるだろうか。また、その報酬は、満足のいくものでありながら、ユーザーに「もっと欲しい」と思わせられるものになっているだろうか？

- **Q** ユーザーの欲求が高まるような3種類の報酬を考えてみよう
    - トライブ（集団）
    - ハント（狩猟）
    - セルフ（自己）

5

INVESTMENT
インベストメント（投資）

HOOKED:
HOW TO BUILD HABIT-FORMING PRODUCTS
BY NIR EYAL

Investment
インベストメント（投資）

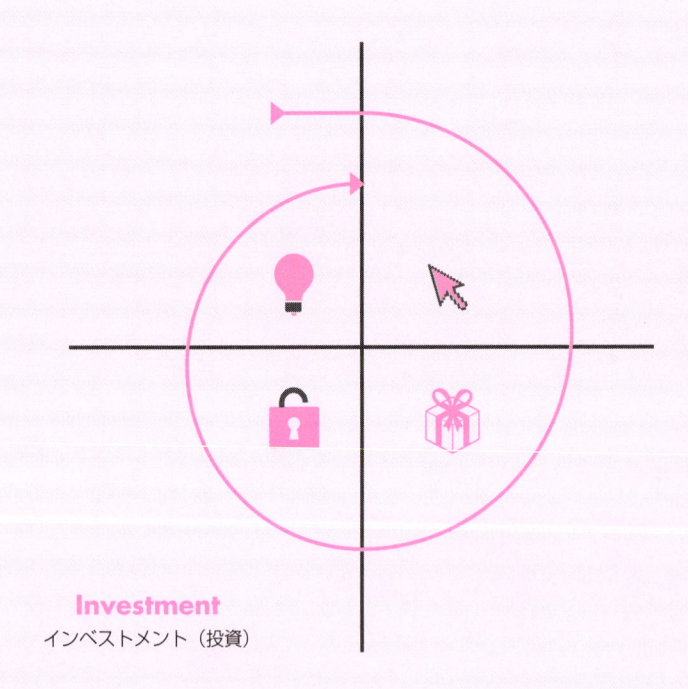

INVESTMENT 5

　Chapter2で説明した通り、トリガーのステップでは、まず重要なのが内部トリガーの整合性である。その上で、外部トリガーを用いて適切な情報を提示することで、ユーザーに望み通りの行動をうながすことができる。

　次のアクションでは、その場ですぐに与えられる報酬への期待から行われる、行動の役割について解説した。また、報酬について述べた前章では、未来に向けた行動がいかにリピート行動に影響するかについて考察した。

　フック・モデルの最後の段階が、本章で説明するインベストメント（投資）である。プロダクトへの投資を行ったユーザーだけが、そのプロダクトを使い続けるようになる。これは、習慣性をうながすプロダクトを作るための重要なポイントである。

Changing Attitude
態度の変化

　Chapter1で紹介したユニヴァーシティ・カレッジ・ロンドンの糸式ようじの研究では、新しい行動が習慣として定着するためのもっとも重要な要素は、その行動の頻度であることが明らかにされた。また、この研究では、2番目に重要なのは、その行動に対する参加者の「態度の変化」であることも判明した。これらの結果は、同じくChaper1で説明したハビット・ゾーン（習慣化された領域）のグラフとも合致している。つまり、ある行動が習慣化するには、その行動がかなりの頻度で、かつ、有益性が認識されながら行われなければならない。態度の変化とは、有益性の認識が高まり、習慣の範囲の中に入るまでの動きである（P.44の図1-01で言うと、左から右への動き）。そして、態度の変化が生じるには、その行動に対するユーザーの認識が変わらなければならない。ユーザーが行うことになる「ちょっとした投資」がどのようにユーザーの認識を変えて、馴染みのない行動が日々の習慣へと変わるのか探ること。これが本章のテーマである。

145

5. インベストメント（投資）

　「コミットメントのエスカレーション」と呼ばれる心理現象が、人間の脳に様々な作用を引き起こすことが知られている。コミットメントの力によって、倒れて死ぬまでビデオゲームをしてしまう人もいる[100]。一方、この力は、人々からより多くの寄付を得るためにも使われている[101]。また、戦争捕虜に寝返りを強要するためにも使われている[102]。

　コミットメントは、人々が何をするか、何を買うか、そして、どのような習慣を身につけるかに重要な役割を果たす。ユーザーが、プロダクトやサービスに時間と労力を費やせば費やすほど、そのプロダクトとサービスをより高く評価するようになる。

　費やした労力が愛着をもたらすことを示す証拠も、十分なほどある。順に説明しよう。

We Irrationally Value Our Efforts
労力に対する不合理な自己評価

　2011年に行われた研究で、ダン・アリエリー、マイケル・ノートン並びにダニエル・モーチョンは物事の評価に労力がどう影響するかを測定した[103]。

　研究対象はアメリカの大学生。折り紙でツルかカエルを折るように指示し、完成後、自分の作品に最高1ドルまでの値段をつけて購入するよう求めた。ただし、0から100（セント）までの数字がランダムに出され、その値が自分のつけた値段を上回る場合、作品を持ち帰れないというルールも提示された。つまり、自分のつけた値段のほうが大きければ、その金額を支払うことで作品を自分のものにできる。同時に、別の部屋にいるグループの学生達には、作成者を知らせないまま同じ手順で作品に値段をつけるよう求めた。さらに、3番目のグループには、同じ基準で専門家の作品に値段をつけるよう求めた。

INVESTMENT 5

　結果はこうだ。自分で折り紙の動物を折った学生は、2番目のグループよりも5倍も高く自身の作品を評価した。これは、専門家の作成した折り紙の価格とほぼ同じである（図5-01参照）。つまり、労力を費やした学生は、自分が作成したというだけの理由で自分の作品により高い価格をつけたのである。アリエリーは、これを「イケア効果」と名付けた。

　世界最大の家具小売業者であるイケアは、手頃な価格の組立式家具を販売しているが、同社の重要なイノベーションは、その包装過程にある。これによりイケアは、人件費の削減、物流効率の改善、店舗不動産の有効活用を達成している。

　組立済みの商品を売る競合他社と違い、イケアは顧客に商品を組み立てさせる。顧客が自分の身体を使って製品を組み立てることで、普通には得られない恩恵が生じるのである。折り紙の実験の被験者と同じく、イケアの顧客は自分で家具を組み立てることでその家具に非合理的ほどの愛着を持つというのがアリエリーの主張である。イケアのようなビジネスは、ユーザーが製品に労力を費やしたというだけの理由で、製品に

図 5-01　労力に対する評価のつけ方

専門家の折り紙と自分で作った折り紙に対してつけた値段がほぼ同じことから、人は自分が労力を費やした製品に高い価値を与えることがわかる。

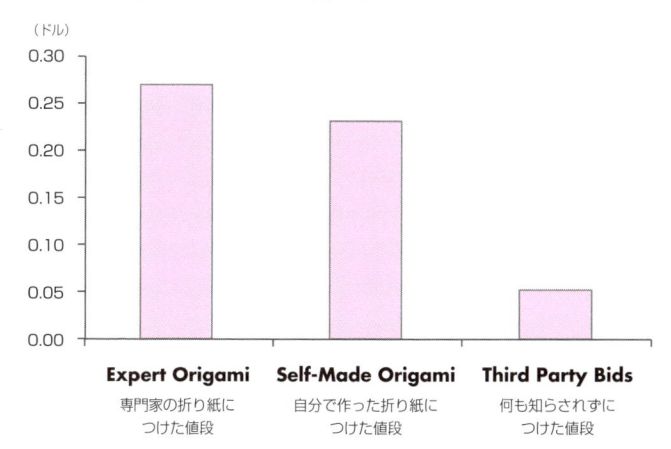

（ドル）

	値段
Expert Origami（専門家の折り紙につけた値段）	0.27
Self-Made Origami（自分で作った折り紙につけた値段）	0.23
Third Party Bids（何も知らされずにつけた値段）	0.05

147

より高い価値を与えられるのだ。ユーザーは自らの作業を通じてその製品に投資をしたと言える。

We Seek to be Consistent with Our Past Behaviors
人は過去の行動との一貫性を求める

　過去の行動は、将来の行動にどの程度影響するのだろうか。多くの人間は、自分の行動を自由に選べる、つまり、過去の行動によって人間の判断が曇ることはないと考えたがるものである。しかし、実際には、過去こそが将来の優れた予言者であることが研究により明らかにされている。

　ある研究チームは、郊外に住む住民のグループを2つに分け、「安全運転を心がけましょう」と書かれた大きくて不格好なサインを自分の家の前に置くよう依頼した[104]。1つめのグループは、対象の17%しかこの依頼に応じなかったが、もう1つのグループでは、76%が見苦しいサインを掲げることに同意した。この大きな差の原因は何だったのだろうか。一点を除けば、2つのグループに違いはなかった。

　実は、2番目のグループの人々には、大きなサインの設置依頼の2週間前にもアプローチし、「運転は安全に」と書かれた、10センチ足らずの小さな標識を自宅の窓に掲げるように依頼していた。依頼を受けたほぼ全員がこの依頼に応じたのだが、それだけでなく彼らの大部分は、2週間後に研究者達が再訪した際、大きな標識を置くことも快諾したのだ。

　2番目のグループの人々が、小さい標識を掲げることに同意した後で、大きくて、邪魔になる標識に置き換えることを快諾したという事実は、過去の行動との一貫性を好むという人間の特性によるものである。小さな標識を窓に掲げるという些細な投資が、将来の行動に大きく影響したのである。

INVESTMENT 5

We Avoid Cognitive Dissonance

人は認知的不協和を避ける

　イソップ寓話のとある物語を紹介しよう。お腹を空かせたキツネが偶然、枝からぶら下がるブドウを見つける。キツネは必死にブドウを取ろうとするが、何度跳んでも届かない。苛立ったキツネは「あのブドウは酸っぱいに違いないから、別に欲しくない」と考えるようになる。

　この物語のキツネは、ブドウに対する認識を変えることで自分を慰めている。甘く熟した美味しいブドウがあるのに、自分はそれを食べられないと考えることは、あまりに不快なので受け入れられないのだ。折り合いをつけるために、キツネはブドウに対する認識を変更し、それによって心理学者が「認知的不協和」と呼ぶ精神的苦痛を和らげているのである。

　世の中に対する自分の見方をごまかすというような話は、童話に出てくる動物に限った話ではない。私達人間も同じようなことをする。

　はじめてビールを口にした時、あるいははじめて辛い食べ物を食べてみた時のことを思い返してほしい。美味しいと感じただろうか。おそらくそれはないだろう。人間の身体はアルコールや辛い物を食べた時に感じるカッとした熱さの原因であるカプサイシンに拒絶反応を示すようにできているからだ。

　人間にはこれらの嗜好品にする拒否反応が生まれつき備わっているのだが、にもかかわらず、繰り返し口にすることで徐々に好きになっていく。人は、他人がそれを味わっているのを見たり、少しずつ自分で試したりすることで時間をかけて慣れていくのだ。他の人達が大いに楽しんでいるものを、自分は好きになれないという認知的不協和を避けるために、私達は、ゆっくりと、自分が好きでなかったものに対する認識を変えていくのである。

5. インベストメント（投資）

　ここで紹介した３つの傾向が、人間の将来の行動に影響を及ぼす。何かに労力をつぎこめばつぎこむほど、それを高く評価するようになる。また、過去の行動と一貫性の高い行動をとりやすくなる。そして最終的に、認知的不協和を回避するために自らの好みまで変えてしまう。つまり、これらの傾向により「正当化」として知られている心理的プロセスが生じ、心理的な適応のために自分の態度や信条を変えるのである。正当化は、自らの行動に対する理由付けを手助けしてくれる。たとえその理由が他人の作ったものであっても、それは変わらない。

　2010年に開催された、ゲーム業界のあるカンファレンスで、有名なゲームデザイナーであり、またカーネギーメロン大学の教授でもあるジェシー・シェルは、プレイヤーがオンラインで示す独特な行動について述べた[105]。シェルは、Mafia Warsというゲーム（Zyngaの初期のヒット作の１つ。FarmVilleと同様に何百万人ものプレイヤーを獲得した）に触れ「Mafia Warsでは間違いなく相手の心理を読むことが重要だった。というのも、もし誰かが『１億ドルを稼げるテキストベースのマフィアゲームを制作するつもりなんだ』と言ったら、皆さんはきっと『そりゃぁ、無理だろう』と答えただろうから」と言った。テキストベースの無料オンラインゲームには否定的な評論家が多かったのだが、Zyngaは人間心理を理解することで、大変魅力的なプロダクトを作り上げたのである。

　Mafia Warsは、Facebookでの友達についての情報を利用した、もっとも初期のゲームの１つである。シェルはこんな風に説明する

　「バーチャルな世界じゃなくて、ホントの友達とかかわれるゲームなんです。……ちょっとやってみると、確かにいい感じ……あれ、でも友達はもっとうまくやってるな……どうしよう。ちょっと頑張って長い時間続けてみようか？ それとも、20ドルつぎこんでアイテムを買うか……これで、ルームメイトのスティーブより優れているってことが証明できるなら、まぁいいか……こんな調子です」

INVESTMENT 5

　シェルは続けて言う。

　「正当化という心理学的な概念と組み合わせて考えてみましょう。時間を費やしたものに対して、人は『これは価値があるに違いない。なぜなら、自分がそれに時間を費やしてきたから』と、考えるようになります。さらにまた、これまでに費やした時間を考慮して、新たに20ドルをつぎこむ価値があるに違いないと考えます。そして、20ドルをつぎこむと、自分は価値のないものに20ドルを支払うようなバカではないから、これには十分な価値があるに違いない、と考えます」

　Mafia Warsにおける正当化の奇妙なプロセスに関するシェルの説明は、人間がどのように嗜好を変えていくかの奇妙な論理を論証している。買い物をしようとする時、プレイヤーは意味のないものにお金を払うのは賢明でないことは理解している。それにも関わらず、ブドウが取れないことを、酸っぱいに違いないと諦めるキツネと同じように、プレイヤーは自分の欲しいものは間違っていない、つまり自分はバカではないと信じ込ませるために、その消費行動を正当化する。つまり、ゲームをプレイし続けるために、お金を払い続けることになる。

　行動の変化をもたらすような認識の変化は、プロダクトやサービスに対するものの見方を変える手助けとなる。しかし、ユーザーの習慣化をうながすプロダクトを買うのはなぜだろうか。習慣化するまでユーザーが熱心になる秘訣が、プロダクトのどこにあるのだろうか。

Bits of Work
ちょっとした作業

　通常のフィードバックループでは、トリガー、アクション、そしてリワードのサイクルによって人間の行動を即座に変えることができる。たとえば高速道路では、ドライバーに、彼らが出している速度を制限速度

5. インベストメント（投資）

との対比で教えるタイプのレーダー付きの標識が非常に効果的である。

しかし、製品に関する習慣を身につける話となると、話は違ってくる。ユーザーの自発的な行動のきっかけとなる連想を誘発するには、トリガー、アクション、リワードからなる3段階のフィードバックループ以上のものが必要なのだ。このカギとなる最後のステップが、インベストメント（投資）である。

この段階で、ユーザーはちょっとした作業を要求される。ここでユーザーは、システムに対し、何か価値のあるものを投じるよう、うながされる。それによって、ユーザーがそのプロダクトを使い続ける可能性、フック・サイクルの一連の流れに従う可能性が高まるのである。

Chapter3で述べたアクション・フェーズとは異なり、投資は長期的な報酬を期待して行うものであって、即座に満足感が得られるものではない。たとえば、Twitterにおける投資は、別のユーザーをフォローするという形式をとっている。誰かをフォローすることですぐに得られる報酬は存在しない。フォローしたからといって、星印やバッジがもらえるわけでもない。フォローはTwitterにおける投資であり、それによって、将来、ユーザーがTwitterをチェックする可能性が高まるのである。

また、アクション・フェーズとは対照的に、インベストメント・フェーズでは摩擦が増大する。これは、ある意味、デザインのコミュニティーで言われる「ユーザーエクスペリエンスはできるだけ簡単で楽でなければならない」という考え方から逸脱するようにも思える。確かに、アクション・フェーズで、行動をできるだけシンプルに設計するよう助言した通り、この考え方は一般的には正しい。しかし、インベストメント・フェーズでは、ユーザーが様々な報酬を受け取った後で、彼らにちょっとした作業を依頼する。報酬を受け取る前ではない。タイミングが決定的に重要だ。報酬の後で投資を求めることで、企業は、人間の行動特性を利用するチャンスを得ることができる。

スタンフォード大学の研究者が実施した実験では、2つのグループがコンピュータの助けを借りてタスクを完了させるよう求められた[106]。調査への参加者は、始め、自分達に割り当てられたコンピュータを使って一連の質問に答えるよう求められた。1番目のグループに供与されたコンピュータは、参加者が質問に答えるのに有用なものであった。一方、2番目のグループに供与されたコンピュータは役に立たないようにプログラミングされており、不明瞭な回答をした。タスクの完了後、参加者は機械と役割を交換して、今度は人間が、機械が問題を解くための手伝いをした。

この調査研究では、有用なコンピュータを供与されたグループは、そうでないグループに比べて、機械が質問に答える際に2倍の仕事をしたことがわかった。この調査結果は、お返しをするという行為は、人間同士だけでなく、人間が機械に接する時にも見られることを示している。

もしかすると、人間が人の親切心に報いるという傾向を徐々に発達させてきたのは、その傾向が人間という種族の生存能力を高めてきたからかもしれない。結局、人が製品やサービスに投資するのは、人間関係において努力するのと同じなのだ。

インベストメント・フェーズの背景には、サービスは使えば使うほど、投資すればするほどよくなるというユーザーの認識を利用するという狙いがある。現実社会のよい友人関係と同様、努力をつぎこむほど、双方が恩恵を得るのである。

Storing Value
価値を貯める

現実世界の形のあるプロダクトと異なり、ソフトウェアは、ユーザーのニーズに適応することができる。習慣化をうながすようなテクノロ

ジーにより、自らの体験を向上させるためにユーザーがプロダクトにつぎこんだ投資を利用して、使い勝手が磨かれていく。ユーザーがプロダクトにつぎこんだ価値が蓄積することで、将来、ユーザーがそのプロダクトを再び使う可能性が高まるのだ。また、価値の蓄積は様々な形で行われる。

Content
コンテンツ

iTunesのユーザーが曲をコレクションに追加するたびに、ユーザーとiTunesとのつながりは強くなる。プレイリストの楽曲は、コンテンツがいかにサービスの価値を高めるかのよい事例である。アップルのiTunesもユーザーも楽曲を作ったわけではない。にもかかわらず、ユーザーが曲を追加すればするほど、ミュージック・ライブラリーの価値は高くなるのである（図5-02参照）。

プレイリストという名のコンテンツがiTunesという1つのサービスに集約されることにより、ユーザーは音楽で様々なことができるようになる。同時に、ユーザーの好みを知ることでiTunesの使い勝手もよくなる。ユーザーが継続的な投資を行うことによって、より多くの楽曲が複数のアップルの機器でアクセス可能になる。2013年、アップルは、新しいiTunes Radioでは、iTunesにコレクションした楽曲に応じてユーザーごとに異なるおすすめを提供することを明らかにした。この特色は、ユーザーの投資に基づいて技術が順応し、サービスが改善した好例である。

コンテンツは、また、サービスのユーザーによって作り出されることもある。たとえば、Facebookでシェアした近況の更新、「いいね！」、写真や動画がユーザーのタイムライン上に加わっていく、これによって過去の経験や関係についてのストーリーが再度語られることになる。ユーザーがFacebook上で情報のシェアや、やりとりをするにつれて、

ユーザーのデジタル・ライフは記録され、アーカイブに保管されていくのである。思い出や体験のコレクションは、概して、時とともに価値を増していき、ユーザーは Facebook に投資するほど Facebook をやめにくくなる。

Data

データ

　ユーザーが作成、収集した情報、たとえば、音楽、写真、ニュースクリップは、コンテンツ形式で蓄積された価値の具体例である。しかし、時にユーザーは、自分自身もしくは自身の行動に関するデータを能動的ないしは、受動的に付加することでサービスに投資する。

　LinkedIn におけるオンライン履歴書は、価値の蓄積としてのデータのまさに具体例である。求職者は LinkedIn を利用するたびに、より多

図 5-02　iTunes のミュージック・ライブラリー

iTunes は使えば使うほど、ユーザーの好みを理解して使い勝手がよくなるという、ユーザーの投資に基づいてサービスが改善される例である。

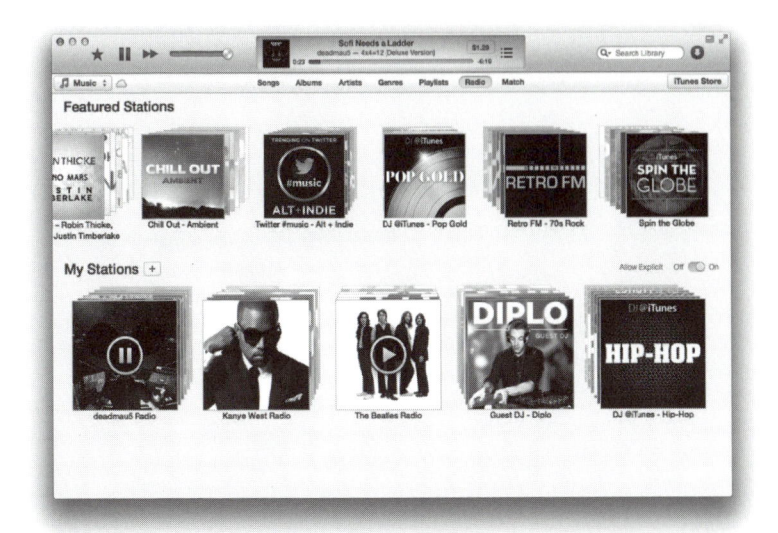

くの情報を加筆するよううながされる。LinkedInの運営会社は、ユーザーがLinkedInにより多くの情報を投資すればするほど、ユーザーがLinkedInにより深くコミットすることを発見したのである。初期の同社のシニアプロダクトマネージャーを務めたジョシュ・エルマンが「ユーザーに少しでも情報を入力させることができれば、ユーザーは繰り返し情報入力するようになるものだ」と述べたように、データを提供するためのほんのわずかな努力が、ユーザーがLinkedInを再び利用したくなる強いフックを作り出したのである。

Mint.comは何百万人ものアメリカ人が使用するオンライン・パーソナル・ファイナンス・ツールである。このサービスはユーザーの持つ全口座を1つに集計し、ユーザーが自分の懐事情の全体像をわかるようにしてくれる。もちろんこれは、ユーザーが時間とデータをこのサービスに投資した場合に限っての話ではある。Mintは、ユーザーがサイトをカスタマイズし、それを使うことで価値が高まるような機会をたくさん提供している。アカウントのリンク、取引の類型化、予算作成などのあらゆる行為が投資となる。より多くのデータが集積するほど、このサービスに蓄積された価値もさらに増える（図5-03参照）。

Followers
フォロワー

2013年11月7日、TwitterがIPOした日の朝、ブルームバーグのコメンテーターは「同社を設立するために必要な技術は1日で構築することができるはずだ」と述べた[107]。確かに彼は正しい。Twitterは非常にシンプルなアプリケーションである。基本的なプログラミングのノウハウが少しあれば、誰でも億万規模のソーシャルメディア巨大企業の複製品を作ることができる。

事実、いくつかの企業がTwitterに取って代わろうとした。もっとも有名な事例の1つとして、Twitterに不満を抱いた開発者が作成した

App.netである。この無広告のアプリケーションは、多くの専門家が論じた通り、Twitterより優れたプロダクトだった。しかし、Twitterを真似た他のサービスと同様に、App.netは軌道に乗らなかった。なぜだろうか？

フォロワーを集めることと同様、フォローしたい人を集める行為が、大きな価値であり、Twitterのユーザーを引き止めるための重要な要素なのだ（次ページの図5-04参照）。

フォロワー側から見た場合、フォローする人のリストを整理・整頓するユーザーが増えれば、Twitterで出会うコンテンツはより良いものになる。また、いい人を探してフォローするという投資によって、その

図 5-03 Mint.com のデータ

Mint.com にデータを集積するという投資を行うと、
このサービスに蓄積された価値が増えていく。

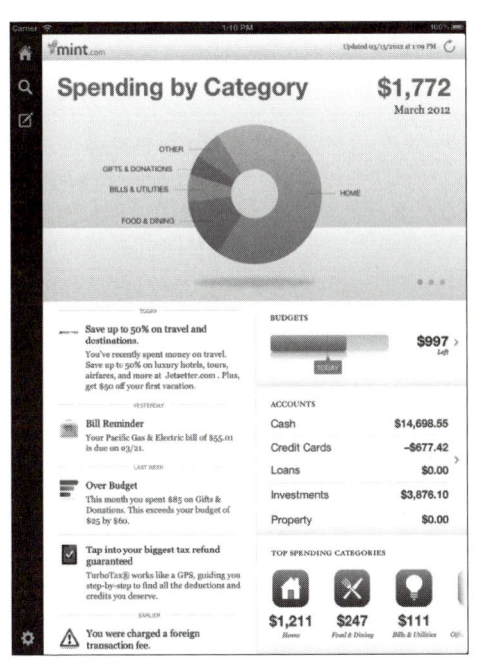

ユーザーが Twitter に対して感じる価値も上がる。また、このことは Twitter に多くのことを伝え、今度は、全体的な Twitter のサービスの改善につながる。

フォロワーを増やしたい利用者にとっては、フォロワーが多ければ多いほど、サービスとしての Twitter の価値も高くなる。そのため、Twitter 上のコンテンツ制作者はできるだけ多くのフォロワーを獲得しようと努める。合法的に新しいフォロワーを獲得する唯一の方法は、発信者をフォローしたいと思われるような、十分に面白いツイートを発信することだ。従って、より多くのフォロワーを獲得するためには、コンテンツ制作者は、より良いツイートをより多く作る努力をしなければならない。

図 5-04 Twitter のフォロワー

Twitter のフォロワーもデータの 1 つであり、ユーザーはいい人を探してフォローするという投資を行うと、サービス全体の価値が上がる。

INVESTMENT 5

　このサイクルによって、発信する側とフォロワーの双方にとって、サービスを利用すればするほど、サービスの価値が高まることになる。多くのユーザーにとっては、サービスを変えることは何年も積み重ねた投資を放棄して始めからやり直すことを意味するのだ。

Reputation
評価

　評価はまさにユーザーを「銀行へ連れて行くことのできる」タイプの価値の蓄積である。eBay、TaskRabbit、Yelp や Airbnb のようなオンラインマーケットでは、否定的な点数をつけられた人はよい評価を受けた人とかなり異なる扱いを受ける。eBay で商品がいくらで売れるのか、TaskRabbit の仕事に選ばれるか、Yelp の検索結果でどのレストランが一番上に現れるか、そして Airbnb でのルームレンタルの価格がいくらになるのかは、評価によって決まることが多い。

　eBay では、買い手と売り手の双方が非常に真剣に評価を受け止める。eBay はすべての買い手と売り手について、ユーザーがつけたスコアを公開し、もっとも熱心なユーザーに信頼性を表すためにバッジを授与している。評価の低い企業は、高評価の売主と競争するのは難しいと気がつくだろう。評価は、サービスが利用される可能性を高める価値の蓄積である。買い手であれ、売り手であれ、評価が存在するため、高い評価を維持するための労力をつぎこんだサービスを、ユーザーは長く使い続けるようになる（次ページの図 5-05 参照）。

Skill
スキル

　製品の使い方を身につけるために時間と労力を費やすことも、投資とその蓄積の1つだ。ひとたびユーザーがスキルを獲得したら、そのサービスを利用することはより簡単になる。つまり、ユーザーは、

Chapter3 で述べたフォッグ式行動モデルにおける能力の軸を上に移動する。フォッグ博士が述べたように、ルーチンでないことは簡潔化の要素の1つであり、行動に慣れれば慣れるほど、ユーザーはその行動をとりやすくなる。

たとえば、Adobe Photoshop は、世界でもっとも幅広く使用されている画像編集ソフトである。Adobe Photoshop には画像作成および操作用の拡張機能が何百もある。始めのうちは、このソフトを使うのは難しい。しかし、ユーザーがプロダクトに慣れるにつれて（しばしば、チュートリアルを見たり、解説書を読んだりすることに時間を費やすものであるが）、プロダクトの専門知識や能率が上がる。それによってユーザーは、達成感（自尊感情）を覚える。しかし、ユーザーにとっては残念なことだが、これらの学習成果はほとんどの場合、他のプロダクトには使えない。スキルを獲得したユーザーは、競合製品に乗り換えることはしなくなるものである。

フック・モデルのすべてのフェーズ同様、インベストメント・フェーズも注意深く使う必要がある。インベストメント・フェーズは、ユーザーに厄介な仕事を押しつけるよう全権委任するツールではない。実際のと

図 5-05 eBay のスコア

eBay では評価に熱心なユーザーに、信頼性を表すバッジが送られる。
評価によってサービスは利用される価値が高まる。

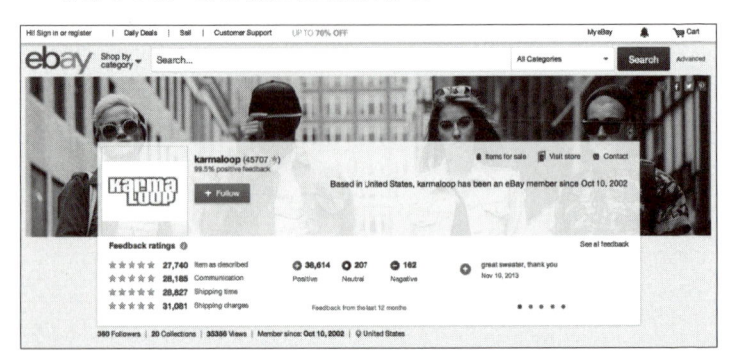

ころ、それはまったく逆なのだ。Chapter3のアクション・フェーズで述べたように、インベストメント・フェーズで意図した行動を成し遂げるために、設計者は、ユーザーが意図した行動をとるための十分なモチベーションと能力を持っているのかをよく考えなければならない。インベストメント・フェーズでユーザーが、設計者が意図した行動をしない場合、設計者はユーザーに過剰な要求をしているのかもしれない。その場合には、ユーザーにしてほしい投資を、いくつかの小さなかたまりに小分けにすることを推奨する。フック・モデルの一連のサイクルにおいて、小さな、簡単なタスクから始めて、より困難なタスクを完成させていくのである。ここまで見てきたように、ユーザーはインベストメント・フェーズにおいてサービスに価値を蓄積する。しかし、インベストメント・フェーズに見られるもう1つの重要な機会によって、ユーザーがプロダクトを繰り返し使用する可能性が大きく高まるのである。

Loading the Next Trigger

次のトリガーを生み出す

Chapter2で述べたように、トリガーはプロダクトの利用者を連れ戻してくれる。結局のところ、習慣化をうながすプロダクトは内的トリガーとの精神的な連携を作り出すのである。しかし、習慣を作り出すためには、ユーザーは、最初にフック・モデルの多くのサイクルを通じてプロダクトを使用しなければならない。したがって、ユーザーを連れ戻し、別のサイクルを始めるには、外的トリガーを使用しなければならない。

習慣化をうながすようなテクノロジーは、ユーザーの過去の行動を利用して、将来の外的トリガーを作動させる。ユーザーはインベストメント・フェーズで将来のトリガーを設定し、それによって企業にユーザーがまたプロダクトを使う機会を提供するのである。次に、インベストメント・フェーズにおいて、企業がどのように次のトリガーを引く手助けしてきたのか見てみよう。

Any.do

　顧客の確保はどんなビジネスにおいても難しいが、消費者向けモバイル機器アプリの世界でとりわけ難しい。あるモバイル機器研究機関によると、2010年、モバイルアプリの26％はダウンロードされた後一回しか使われなかった[108]。別のデータによると、昨今ますます多くのアプリが使われているが、愛用されることは少なくなっている[109]。

　Any.doはシンプルなタスク管理モバイルアプリで、「クリーニングに出した服をとりに行く」や「牛乳を買って冷蔵庫に入れる」「ママに電話する」といった、やるべきことを記録するのに使われる。気まぐれなモバイルユーザーをつなぎ止めることの難しさを認識しているので、このアプリは、ユーザーが早めに投資するように設計されている。このアプリを最初に使った時、Any.doは優雅にユーザーに使い方を教える（図5-06参照）。トリガーはAny.doの明瞭でわかりやすいマニュアルの中にある。以後のアクションはこのアプリの指示に沿って行えばよい。報酬は、「おめでとう」のメッセージ、それからアプリをマスターした満足感という形となって現れる。

　そして投資の場面となる。新ユーザーはAny.doをカレンダーシステムに接続し、ユーザーのスケジュールにアクセスさせるよう求められる。そうすることにより、会議が終わった後にAny.doが通知をすることが許されるようになる。この外的トリガーによって、ユーザーは再びAny.doを見て、彼がたった今出席したばかりの会議のフォローアップ課題を記録するようううながされる。Any.doのシナリオでは、このアプリはユーザーが会議の後でやるべきことを忘れるかもしれないという心配（内的トリガー）が一番発生しやすい時に、外的トリガーを発信する。Any.doはユーザーの必要性を予測し、彼らを成功に導くのである。

Tinder

　2013年半ば、話題の会社が非常に競争の激しいオンラインデート市場に参入した。Tinderは、恋人を探している何百万人もの人達をシンプルなインターフェースでたちまち虜にし、1日あたり3.5億回のスワイプから350万のマッチングを発生させている[110]。モバイルアプリを起動してFacebookアカウントでログインした後で、ユーザーは他の恋人探し中のユーザーのプロフィールを閲覧する。それぞれの潜在的な相性のよさはカードで示されている。もし興味がなければ左へスワイプ、興味を惹かれたなら右へスワイプ（次ページの図5-07参照）。お互いが興味を持つとマッチングが成立し、プライベートチャットがこの潜在的な恋人達2人を結びつける。

図 5-06　Any.doのタスク管理

タスク管理のモバイルアプリAny.doでは、使い始める際のマニュアルにトリガーを仕込み、早めに投資するように設計されている。

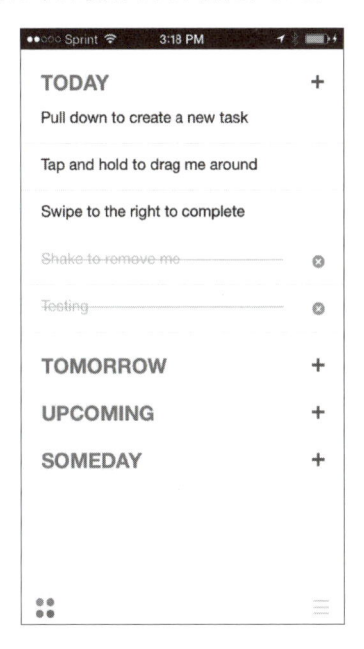

気が合うと思われる相手をソートする方法を単純化したことで、Tinder はスワイプするたびに次のトリガーを生み出せるようになっている。スワイプすればするほど、より潜在的な恋人とのマッチングが発生し、そしてもちろんすべてのマッチングが双方に通知される。

Snapchat

Snapchat という写真共有アプリは、2013 年 6 月の時点で 500 万人のアクティブユーザーを獲得し、2 億を超える画像や動画を日々やりとりしている[111]。この驚異的な利用状況は、Snapchat ユーザーが 1 日に

図 5-07　スワイプでマッチングする Tinder

オンラインデートアプリの Tinder は、恋人探し中ユーザーのプロフィールに興味がある場合スワイプするだけで、マッチングが完了する。

平均 40 枚の画像を送っているということを意味している。

　なぜ Snapchat はそこまでユーザーに愛されているのだろうか。主にその成功は、ユーザーがサービスを利用するたびに次のトリガーを生み出すという事実に起因している。Snapchat は画像をシェアできるというだけのものではない。それは SMS メッセージを送るのに似たコミュニケーション手段であり、送り手の指示に基づいて、表示後メッセージを自然消滅させることができるビルトインタイマーのおまけつきなのだ。ユーザーは毎回フック・モデルのインベストメント・フェーズを通じて、自分撮りや落書き、馬鹿な画像を送っている。送信された画像や動画にはそれぞれ返信しろという暗黙のプロンプトが含まれており、オリジナルメッセージをダブルタップするだけで返信できるという Snapchat のインターフェースのおかげで驚くほど簡単に画像を送り返すことができる。自己消滅機能はタイムリーな返信をうながす。それによって、メッセージを送るたびに次のトリガーを生み出し、人々をそのサービスにつなぎ止める、行ったり来たりのやりとりが生まれるのだ。

Pinterest
Pinterest

　多くのソーシャル・ネットワークと同じように、Pinterest はフックのインベストメント・フェーズにおいて、次のトリガーを生み出す。月間 5000 万人のサイトユーザーの多くにとって、オンライン上の共有スクラップブックはファッションにフォーカスしたウェブサイトを見て回る習慣や雑誌をめくってお気に入りのページの端を折る習慣に取って代わった[112]。

　しばしば退屈が内的トリガーになるが、それは、Pinterest のサイトを訪れることですぐに解消される。Pinterest には様々な報酬が提示されているのでユーザーは画面をスクロールし始めるだけでよい。そもそも、Pinterest はソーシャルメディアで紹介されている面白いアイテム

のコレクションであるため、たとえ単なる画像だとしても、欲しいものを探すことに関しての力強い報酬になりうる。このサイトでは、また、同じような好みを持つ友人やサイト参加者達とのコミュニケーションも提供している。Pinterestの参加者にとっての報酬は、コミュニケーションの手段として様々な画像を投稿することにある。ユーザーは、その画像自体に興味があるだけでなく、画像を投稿した友人との人間関係という点からも、友人がどんなものをピン留めしたのかを知りたいと思うのである。

結果的に、Pinterestのユーザーは、自分の画像をピンしたり、誰かの画像をリピンしたり、コメントしたり、サイトのコンテンツの一部にいいね！したりするたびに、Pinterestのサイトに投資することになる（図5-08参照）。これらの小さな投資の1つ1つが、Pinterestユーザーそれぞれの好みにカスタマイズするために使えるデータを与え、次のトリガーも生む。ピン、リピン、いいね！、コメントのそれぞれにつき、誰かがスレッドに書き込んだ時に行われるユーザーへの通知によって、サイトを再訪して、もっと知りたいと思う欲求が呼び起こされる。

図 5-08　Pinterestのコレクション

ユーザーは画像をピンしたり、誰かの画像をリピンしたりすることが投資になり、それぞれのユーザーの好みにカスタマイズするためのデータを与えることになる。

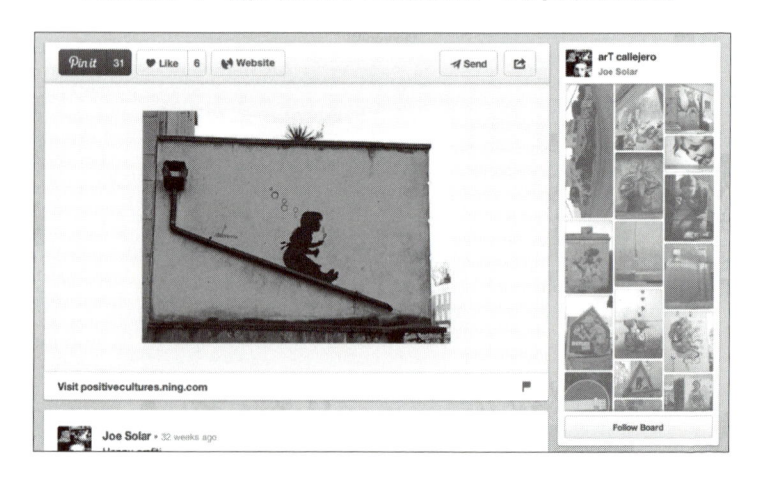

Pinterestは、フック・モデルの4つの段階を明らかに実証している。それは、ユーザーを意図した行動へと動かす内的トリガーの疼きから始まり、様々な報酬を通じて、最終的にはインベストメントへとつながり、そしてインベストメントがまた次のトリガーを生み出すという途切れのない流れである。Pinterestのユーザーはフック・モデルを通じて、はじめから終わりまでの一連の流れを体験する。そして、喜んで出発点に戻ってきて、新たなサイクルを繰り返すのである。本章では、プロダクトに対しての投資がどのようにユーザーを引き戻すための紐の役割を果たしているかを見てきた。これをするために、習慣化をうながすテクノロジーはフックを通してプロダクトの価値を高めるようにしているのである。フック・モデルの継続的なサイクルを通じて、ユーザーはプロダクトを使用する体験に対する親近感を強めていく。ユーザーは次第に、問題を解決するためにプロダクトに頼るようになっていき、最終的には新しい習慣とルーチンが形成されるのである。

ユーザーがちょっとした作業を通じて投資を行えば行うほど、日々の生活におけるプロダクトの価値は高くなり、プロダクトを使用することに疑問を挟まなくなる。もちろん、ユーザーは永遠に熱中し続けるわけではない。常に、次の世代のプロダクトが登場し、より優れた、より魅力的なフックを供給する。しかし、これまでのプロダクトやサービスに対する投資に支えられた習慣を作り出すことで、企業は自社のプロダクトが競合品に取って代わられないようにできる。ユーザーの習慣を打ち破るのは難しく、幸いにも習慣化をうながすことに成功した企業は、強力な競争優位を得るのである。

★ ★ ★

REMEMBER AND SHARE

リメンバー・アンド・シェア

◎インベストメント（投資）はフック・モデルの4番目のステップだ。ここで、投資とは、時間や行動をプロダクトやサービスに費やすことを意味している

◎その場で満足感が得られるアクション（行動）とは異なり、投資は、将来得られる報酬への期待から行われる

◎人は何かに労力をつぎこめばつぎこむほどそれを高く評価する。そして、過去の行動と一貫性のある行動をとり、認知的不協和を回避する。つぎこんだ労力はプロダクトやサービスに対する投資を生み、その投資はさらに、プロダクトやサービスに対する愛着を生む

◎投資は、ユーザーが報酬を手にした後、そのリワードに対するお礼をしたい気分になってから行われる

◎投資として行われる利用の結果、プロダクトやサービスは改善される。すると、再びユーザーに利用される可能性も高まる。投資は、コンテンツやデータ、フォロワー、レピュテーション（サービス内で受ける賞賛）、スキルといった形で蓄積される

◎投資は、フック・サイクルを再度回すための次のトリガーを生み出し、ユーザーが同じ道をたどる可能性を高める

INVESTMENT 5

★ ★ ★

Do This Now
今すぐやってみよう

　前章の「DO THIS NOW」の回答を思い出しながら、次の問いに答えてほしい。

Q あなたのプロダクトやサービスのフローを見直してみよう。プロダクトやサービスを再び利用する可能性が高まるような、どのような「ちょっとした作業」が行われているだろうか？

Q ちょっとした投資をしてもらうための方法を、それぞれ3つ考えてみよう
・次のトリガーになるような投資
・コンテンツやデータ、フォロワー、レピュテーション、スキルなどの価値を蓄積されるような投資

Q トリガーによってユーザーが、再びプロダクトやサービスを利用するまでに、どのくらいかかっているかを確認しよう。フック・サイクルの期間はどのようにすれば短くできるだろうか？

6

WHAT ARE YOU GOING TO DO WITH THIS?
フック・モデルをどのように活かせばよいのか

HOOKED:
HOW TO BUILD HABIT-FORMING PRODUCTS
BY NIR EYAL

WHAT ARE YOU GOING TO DO WITH THIS? 6

　フック・モデルは、繰り返してユーザーが抱える問題と解決策とを紐づけることで習慣を作り上げるようにデザインされている。つまり、ユーザーのニーズを長期的に解決するプロダクトを作り上げるためのフレームワークである。

　フック・モデルのサイクルを経過するにつれ、ユーザーは習慣化をうながすプロダクトを使うことで満足感が得られるようになっていく。効果的なフックとは、ユーザーを外的トリガーに依拠する状態にさせてから、感情とつながる内的トリガーに移行させるというものだ。そうすることで、ユーザーはプロダクトとの結びつきをだんだんに強めたのちに、今度は愛着をゆっくりと深めていくのである。

　さて、フック・モデルを使用する準備が整ったところで、効果的なフックを構築するための、5つの基本的な質問について自問してみてほしい。

1. 内的トリガー：ユーザーが本当に望んでいることは何だろうか？ あなたのプロダクトは、どんな悩みを解決してくれるものなのだろうか？
2. 外的トリガー：なぜユーザーはあなたのプロダクトを使い始めるのだろうか？
3. アクション：報酬を期待したユーザーがとるもっともシンプルな行動は何だろうか。そして、その行動を起こしてもらうために、あなたのプロダクトをどのようにシンプル化できるだろうか？
4. リワード：ユーザーは現在の報酬に満足しているのだろうか？ もっと報酬を欲しがっているだろうか？
5. インベストメント：ユーザーはあなたのプロダクトにどのような「ちょっとした作業」を行ってくれるのだろうか。その作業は、次のトリガーを生み出し、プロダクトを使用すればするほど改善が見込めるような価値を蓄積するものなのだろうか？

★ ★ ★

6. フック・モデルをどのように活かせばよいのか

The Morality of Manipulation
操作の倫理性

さて、習慣を作り上げるテクノロジーの構築パターンはわかった。それでは、これからどうすればよいか。いったい、どのようにこの知見を活かせばよいのだろうか。

おそらく、本書の読者は、フック・モデルとはユーザーを操作するためのレシピなのかと自問したことだろう。本書はマインドコントロール向けのノウハウ本のようだと、不安を覚えているのではないだろうか。もし、あなたが今そう思っているのなら、それはとてもよいことだ。

フック・モデルは基本的に、人々の行動を変化させるものである。しかし、心を惹きつけるようなプロダクトは用心して作らなくてはならない。習慣化をうながすプロダクトは世のためになるが、その一方で不正な目的で使われることもある。そのようなプロダクトの作り手が負うべき責任とはいったいどのようなものなのだろうか。

まず、私達がやっているのは人を口説き落とすビジネスであること認めよう[113]。テクノロジスト（知識と技術を使いこなす人）はプロダクトに、自分がやってもらいたいと思っていることが実現されるようなしかけを作る。そして、プロダクトの利用者である「ユーザー」が、とにかくそのプロダクトを使うことに夢中になってほしいと、口に出さずとも秘密裏に願っている。あなたがこの本を手に取った理由は、あなたのプロダクトにユーザーが夢中になってほしいからであろう。

ユーザーは、スマートフォンなど、自分が夢中になっている技術であればあるほど片時も離さなくなり、ベッドの横にも置いて寝る[114]。朝起きればすぐに、通知やツイート、そしてアップデートをチェックする。時にその行動は、隣で寝ている最愛の人に「おはよう」と言う前に行われることもある。著名なゲームクリエイターであり、学者でもあるイア

ン・ボゴストは、習慣を作り出すようなテクノロジーが増加している現状を「今世紀のタバコ」と呼び、タバコと同様の有害な中毒性と、潜在的な副作用について警鐘を鳴らしている[115]。

あなたは「どんな風にユーザーを心理的に支配すると、過ちになるのだろうか？」と疑問に思うかもしれない。

心理的な支配とは、言い換えれば「操作」であり、人の行動を変えるために精巧に作り上げられた体験のことだ。おそらくあなたも、心理的に支配されるということがどのような感じのものなのかを知っている。人間は、自分がやりたくないことを誰かに無理やり押しつけられると居心地の悪さを感じる。たとえば、自動車は欲しくないのに、自動車セールスマンの宣伝文句を聞かされたり、マンションを購入する気はないのに、マンションのプレゼンテーションを聞かされたりしている時がそれにあたる。

しかし、心理的な支配は必ずしもネガティブなものではない。もし、常にネガティブなのであれば、ユーザーが進んで支配されることで成立する産業の存在をどう説明するのだろうか？

心理的な支配が行動を変えるために精巧に作り上げられた体験であるとしたら、ダイエットセンターとして知られるWeight Watchersは、歴史上でもっとも心理的な支配を作り出すことに成功したシステムの1つだ[116]。Weight Watchersの利用者がどのように意思決定するかは、このシステムの設計者によってプログラム化されている。しかし、このビジネスの倫理性に疑問の声を上げるものは誰一人としていない。

派手な広告や中毒的なビデオゲームを使ってユーザーを支配することは不快だとされるにも関わらず、厳格な食事制限といったシステムによる支配は賞賛に値するとみなされるのはなぜだろうか。多くの人々がWeight Watchersが作り出す支配を許容している一方で、最新のテク

ノロジーによって行われる支配に対する論理基準は厳しいままだ。

　ウェブへのユビキタスアクセスは、大容量の個人情報を超高速で送受信することで、より中毒性の高い世界を作り出した。シリコンバレーの著名な投資家であるポール・グレアムによれば、人の「新しい物事に対する免疫」を開発するには、まだ時間が足りないという[117]。「炭鉱に持ち込まれるカナリアのように、新たな中毒に対するリトマス紙になりたくないのなら、回避すべきものは何かを事前に理解しておく必要がある。そして、悲劇にぶち当たってしまったならば、その経験を将来の教訓にするべきだ」と、ユーザーに責任を課している。

　しかし、これらの心理的な支配という体験を作り出すのは、いったいどのような人なのだろうか。実際のところ、習慣を作り出し、時に中毒性のあるテクノロジーを世に出す企業は、善悪の道徳感を持つ人々から成り立っている。彼らもまた、心理的な支配の影響を受けやすい家族や子どもを有している。では、私達グロースハッカーや行動デザイナー（behavior-designers）はユーザー、将来の世代、そして私達に対して、どのような責任を負っているのであろうか。

　個人向けのテクノロジーが広く普及したことにより、業界関係者の中には、倫理的な行動規範の制定を提案する人達が出てきている[118]。その一方で、別の考え方を持つ人達もいる。書籍『Evil by Design（デザインの悪だくみ）』の著者である クリス・ノッダーは、「だまされることが最大の利益となる、もしくは、他人を説得するための戦略として同意を得られているのなら、人をだましてもかまわない」と記している[119]。

　そこで私は、プロダクトを出荷したり、コードを書き込んだりする前に、起業家や従業員、投資家のすべてが使用できるようなシンプルな意思決定支援ツールの導入を提案したい。この操作マトリックスは、どの企業が倫理的か、どの企業が成功するかといった質問に対して、回答を提供するようなものではない。また、何が習慣を作り上げるテクノロジー

になりうるかを説明するものでもない。操作マトリックスは、「ユーザーを惹きつけられるか」ではなく、「惹きつけるべきか」という点についての回答を得るための助けとなるものである。

操作マトリックス（図6-01参照）を使う際に、作り手は2つの質問をする必要がある。1つ目の問いは「そのプロダクトを自分で使うだろうか？」。そして、2つ目の問いは「そのプロダクトはユーザーの生活を著しく改善してくれるか？」である。

このフレームワークは習慣を作り出すようなプロダクトを生み出すためのものであり、一回だけしか使われないようなプロダクトのためのものではない。それでは、操作マトリックスの四象限に置いた各タイプを見ていこう。

図 6-01 操作マトリックスの四象限

操作マトリックスからわかるのは、ユーザーを「惹きつけるべきか」という観点からの回答だ。

Manipulation Matrix
操作マトリックス

	Peddler（商人） ペドラー	Facilitator（住人） ファシリテーター
Materially improves the user's life ユーザーの生活を著しく改善する		
Does not improve the user's life ユーザーの生活を改善しない	Dealer（売人） ディーラー	Entertainer（芸人） エンターテイナー
	The maker does not use it 作り手が使わない	The maker uses it 作り手が使う

The Facilitator
ファシリテーター（住人）

あなた自身も使うし、ユーザーの生活もより良くしてくれると考えられるなら、健康的な習慣を作り出していることになる。そのプロダクトやサービスを実際に自分が使うかどうか、そして、自分が何を作り出しているのかを踏まえた上で、「ユーザーの生活の著しい改善」をどのように意味付けるかを決められるのは、あなただけなのだ。

この質問を考える際に、答えを出すのが苦しいと感じたり、自身の答えを正当化しようとしていることに気付いたりするのなら、それは失敗を犯していることになる。そこで、ちょっと立ち止まってほしい。クリエイターは、本当にそのプロダクトを使ってみたいと思えなければならないし、そのプロダクトは、ユーザーの生活と自分自身の生活を大いに改善すると信じられものでなくてはならない。

ただし、例外が1つある。かつて、あなた自身がユーザーだった場合だ。たとえば、教育関連企業を考えてみると、今すぐにその企業が提供するサービスを使う必要はない。しかし、そう遠くない過去にそのサービスを使っていたというケースが考えられる。ただし、かつて使っていた時から、時間が経てば経つほど、操作マトリックスにおけるファシリテーターとして成功する確率が下がることに留意してほしい。

あなた以外のユーザーにとっての習慣を構築する場合、あなた自身が直接問題を経験したことがなければ、操作マトリックスにおいて、ファシリテーターとみなすことはできない。

ジェイク・ハリマンはウェストバージニアの小さな農場で育った。米国海軍兵学校を卒業した後に、海兵隊の歩兵や特殊作戦小隊の指揮官を務めた。彼は2003年のイラク侵攻時、部下を率いて敵と激しい銃撃戦を繰り広げた。その後2004年のスマトラ島沖地震で起きた津波被害の援助のために、インドネシアとスリランカにて支援に従事した。

WHAT ARE YOU GOING TO DO WITH THIS?

ハリマンにとって、海外で極貧と出会ったことが彼の人生を変えたという。7年間にわたって軍隊で勤務した後、彼はアメリカ人に危害を加えようとするテロリストを銃だけで止めることはできない、「絶望的な状況に陥っている人々は自暴自棄な行為をする」ということに気付く。その後、世界の農村地域に住む貧困層の人々の習慣を変えることを目的とした、ソーシャル・ベンチャーである Nuru International をアフリカのケニアに設立した。

しかし、ハリマンにとって、世界の貧困層の生活をどのように変えられるのかは、彼が貧困層とされる人々と生活を共にするまで明確ではなかった。たとえばケニアでは、適切な間隔を開けて種をまくといった、近代農業の基本的な手段すらまだ使われていなかった。しかし、ハリマンは農民に新しい行動を教えるだけでは十分でないとわかっていた。

彼自身がもともと農村育ちであり、農民とともに暮らしていたことを利用して、貧困層特有の問題を取り除いていこうと考えた。たとえば、高品質な種や肥料を購入するための資金が調達できていないから、農民が収穫量を高める技術を利用できないといった具合に問題を特定し、それを取り除こうといったことだ。

今日、Nuru はケニアとエチオピアの農民が問題を解決するのに必要なものを用意し、貧困から抜け出せるよう手助けしている。ユーザーと同じ立場にたったからこそ、農民のニーズに合ったソリューションは設計できたのだ[120]。

アフリカとシリコンバレーは遠く離れているが、Facebook や Twitter の創業者の発言などを読むと、操作マトリックスにおけるファシリテーターという立場でプロダクトを作っていることがわかる。このような企業は、健康的な習慣を生み出すことで、生活を改善するようなプロダクトを作り出している。ユーザーに運動するようにうながしたり、日記をつける習慣を作り出したり、よい姿勢を保ってもらったりしてい

る企業は、そもそもそういったニーズを満たすために、そのプロダクトが欲しいと思っている創業者によって経営されているのだ。

しかし、よかれと思って作られたプロダクトが悪用されたり、あるいは有害だとされたら、どうであろうか。習慣という域を超えて使いすぎてしまうユーザーは、本格的な中毒になってしまうのであろうか。

まず、有害な依存関係に陥ってしまうユーザーの比率は極めて低いということを認識することが重要だ。業界の推測によれば、スロットマシンやギャンブルのようなもっとも習慣化しやすいテクノロジーにのめり込んでしまうのは、わずか1%のユーザーに過ぎない[121]。そして依存症は、特定の精神的な問題を抱えている人に発生しがちだ。だからといって、ユーザーの依存性はとるに足らないことだと無視してしまうと、真のテクノロジー中毒という重大な問題まで遠ざけてしまうことになる。

しかし、ユーザーは自社プロダクトがどんな頻度で利用されているかというデータにアクセスできるようになったことで、どんなユーザーが過剰に利用しているかを調べられるようになった。もちろん、ユーザーのためにそのデータを使用するかどうかは企業責任の問題である。習慣を作り出すようなテクノロジーを作る企業は、自社プロダクトに対して、不健康な愛着を抱いているユーザーにそれを伝え、ユーザーを保護する倫理義務がある。潜在的に中毒性のあるプロダクトを生み出す側が、依存症に陥っているユーザーを特定して救い上げるためのガイドラインを制定するのは当然のことであり、今後は法的義務にもなるだろう。

しかしながら、圧倒的大多数のユーザーにとって、プロダクトに依存することは決して問題にはならない。中毒性のあるものがありふれるようになった世の中とはいえ、たいがいの人は自分の行動を自己規制できるだけの自制心を持ち合わせているからだ。

ファシリテーターの役割を務めることは、習慣化をうながすプロダ

トの提供側にとって、もはや義務である。不健全な依存症に陥ったユーザーを救い上げる方法がある限り、設計側もやましさを感じる必要はない。インドの聖者ガンジーの有名な言葉を借りるなら、ファシリテーターとは「誰もが見てみたいと思う世界の変化を成し遂げる」役割なのだ。

The Peddler
ペドラー（商人）

向こう見ずで排他的な望みは、時に現実を追い越してしまうことがある。他人の行動を操作するようなプロダクトを作り出す人の多くは、ユーザーの人生をより豊かにしたいという強い動機を持っているものだが、本音を尋ねてみると、実は自分の作ったものを使っていないということがよくある。このような、いわば偽善的なプロダクトは、ユーザーにとって価値のない作業を、バッジやポイントといったインセンティブを用いて「ゲーム化」しようとするものだ。

フィットネス用のアプリ、チャリティー目的のウェブサイト、過酷な労働が急に楽しくなるといった触れ込みのプロダクトは、往々にして、操作マトリックスにおけるペドラーに当てはまる。もっとも一般的な事例は広告だ。

非常に多くの企業は自分達が作った広告キャンペーンをユーザーが気に入るに違いないと思っている。そして、自社プロダクトの動画がインターネット上に蔓延し、企業ブランドのついたアプリが日常的に使われることを期待するが、それは勘違いだ。「自分にとって、このプロダクトは有益なものなのだろうか？」というもっとも重要な質問を自らに投げかけることを、現実を歪曲した空間（reality distortion fields）が妨げるのである[122]。この質問に対する回答は、ほとんどの場合が「ノー」だ。それゆえ、自分達が作った広告にユーザーは価値を感じていると信じ込み、思考を歪ませていくのである。

ユーザーの生活を著しく改善したり、自身が決して使わない技術を用いて心を惹きつけるプロダクトを生み出したりする試みは極めて困難である。プロダクトとユーザーとの間にすれ違いが生まれ、設計者の立場がなくなってしまう。押し売りすることに、道徳的な問題はない。多くの企業がプロダクトを使って問題解決に取り組むのは、純粋に利他的な理由からだ。だが、あまりよく知らないユーザーのために、首尾よくプロダクトを設計できる見込みは、気が滅入るほどに低い。ペドラーに当てはまるプロダクトは、ユーザーが本当に欲しいものを作るのに本来は必要な共感力や洞察力が欠けている傾向がある。設計者が十分にユーザーを理解できていないがゆえに、ペドラーの開発プロジェクトは、しばしば時間の無駄に終わる。結果、誰一人として、そのプロダクトが有用だと思わないのである。

The Entertainer
エンターテイナー（芸人）

時にプロダクトの作り手は、単に自分達が楽しむためだけにプロダクトを作っていることがある。もし、潜在的な中毒性のあるテクノロジーを作った人が、その技術を自分自身は使うものの、ユーザーの生活を改善できないだろうと思っているのなら、それは、単にユーザーを楽しませたいだけである。

エンターテイメントは芸術であり、それ自体に重要な価値がある。芸術は喜びをもたらし、世界の見え方を変え、私達の人間らしさを保ってくれる。芸術は太古から存在しており、今日もその価値が追求されている。しかし、エンターテイメントは、起業家や従業員、そして投資家が操作マトリックスを使う際に注意すべきある特性を持っている。

しばし芸術とは、はかないものだ。操作マトリックスにおけるエンターテイナーとして習慣を作り上げるプロダクトは、ユーザーの生活からすぐに消え去ることが多い。たとえばヒット曲は、胸の中で何度も再生さ

るが、次のヒット曲によってノスタルジアへと変わるものだ。本書も、次に面白い作品が出るまでの、ほんの束の間に読まれるものなのだろう。様々な報酬についての章（Chapter4）でも述べたように、FarmVilleやAngry Birdsのようなゲームは、ユーザーを夢中にさせたが、その後はパックマンやマリオブラザーズのような過去の超ヒット作同様にごみ箱行きとなってしまう。

エンターテイメントはヒット志向型のビジネスである。というのも、脳は刺激に反応すると、より多くの刺激を求めるようになり、常に斬新なものを欲し続けることになるからだ。利那的な欲求をビジネス対象とする企業の経営は、常に動作しているランニングマシンの上で走り続けるのと似ており、ユーザーのひっきりなしに変化し続ける要求についていかねばならない。操作マトリックスにおけるエンターテイメントは、利益をゲームや音楽、本などのプロダクト自身から得るのではない。話題になるタイミングにぴったり合わせてプロダクトを市場に送り出せる効果的な流通システムと、欲しがる消費者に絶え間なく新鮮なものをリリースし続けることが利益を生み出すのだ。

The Dealer
ディーラー（売人）

作り手がユーザーの生活を改善すると考えることがなく、作り手自身も使う気になれないプロダクトを作るという行為は、搾取と呼ばれる。この2つが欠けているプロダクトで、設計者がユーザーを惹きつけようとする理由は、たぶん金儲けに違いない。もちろん、このようなプロダクトにユーザーを惹きつけられれば、金銭を巻き上げることはできるだろう。そして、金銭があるところに、それを奪おうとする人が必ずいるというのも事実だ。

カジノやドラッグの売人はユーザーに楽しいひと時をもたらすが、中毒に陥ってしまったところで、その時間は終わりを告げるのである。

6. フック・モデルをどのように活かせばよいのか

　ZyngaのFarmVilleシリーズを皮肉って、イアン・ボゴストはCow Clickerを作り出した。これは、「モー」という鳴き声を聞くために、仮想の牛達をひたすらクリックし続けるというFacebookのアプリである[123]。ボゴストはユーザーの目から見てあからさまに、FarmVilleと同じゲーム・システムとバイラル効果を盛り込み、FarmVilleを皮肉ろうとしたのである。しかし、アプリのユーザー数が膨大なまでにふくれあがり、おそろしいまでにゲームにのめり込む人も出てきたと同時に、Cow Clickerのサービスは停止され、「牛の黙示（The Cowpocalypse）」と呼ばれる事態を引き起こした[124]。

　ボゴストは、中毒性のある技術とタバコとを正しく比較している。確かに、かつてアメリカにおいて成人の大部分はひっきりなしにタバコを吸っていたものだが、今ではタバコが、電子機器を絶えずチェックしたいという衝動に取って代わられている。しかし、ニコチン中毒と異なり、新しいテクノロジーは利用者の生活を劇的に改善する機会を与える。あらゆるテクノロジーと同様に、近年、デジタル・イノベーションによって習慣が作り出される可能性が大きくなってきているが、その影響にはプラスとマイナスの両方がある。

　しかし、もし、革新的な考えを持っている人が、自身が作り出すプロダクトは人々の生活、とりわけ設計者の生活を大いに改善することについて確信が持てるのであれば、唯一の道はそれを推し進めることである。中毒に陥ってしまう1%のユーザーを除き、ユーザーは自身の行動に対して、最終的な責任を負うものとするのだ。

　しかしながら、科学技術の進歩によって世界はより中毒に陥りやすい場所となっているため、革新的な考えを持っている人は自らの役割についてよく考える必要がある。社会が新しい習慣に対して精神的な免疫を得るまでは、何年も、おそらく何世代もかかる。そうこうしているうちに、これらの習慣が有害な副作用を引き起こすかもしれない。差し当

り、ユーザーはこれらの影響がどのような結果をもたらすのかを自ら見極めなければならない。一方で、クリエイターは、自身の職業人生の生き様が、多くの人に道徳的な波紋を及ぼすことに耐えていかねばならない。

　革新的な考えを持っている人が自身のプロダクトがもたらす結果を考える際に、操作マトリックスがその手助けになれば幸いだ。おそらく、本書を読んだ後、あなたは新しいビジネスを始めることだろう。あるいは、自分のすべてを捧げる心持で、新たな企業に入社するのかもしれない。さもなくば、自らの倫理的な指針がもはや会社と同じ方向に向いていないことに気がついて会社を辞する時であると決心するのかもしれない。

★ ★ ★

Remember and Share

リメンバー・アンド・シェア

　習慣化をうながすプロダクトを作ろうとするデザイナーやエンジニアは、必然的に、ユーザーをある意味「操作」することになる。適切なモラルを維持するためには、自分（やそのアイデア）が、次の4つのどれに当てはまるかを考えてみるといい。

◎ファシリテーター（住人）
自身がプロダクトを使い込んでいるし、また、それがユーザーの生活を著しく改善していると信じている。ユーザーのニーズをもっともよく理解しているので、一番成功する可能性が高い

◎ペドラー（商人）
関わるプロダクトが人々の生活を著しく改善すると考えてはいるが、自分はそのユーザーではない。自分が理解していない相手に対して解決策を提供しているため、勘違いしたり、思い上がったりしやすい。用心しなくてはならない

◎エンターテイナー（芸人）

自分でプロダクトやサービスを使っているが、それが人々の生活を改善するとは考えていない。成功することもあるが、人々の生活を改善しないので、プロダクトやサービスはスタミナに欠ける

◎ディーラー（売人）

プロダクトやサービスを使わないだけでなく、人々の生活を改善することも考えない。長期的に見て成功する可能性がもっとも低く、倫理的にも危ういポジションにいる

★ ★ ★

Do This Now
今すぐやってみよう

Q あなたは操作マトリックス（Manipulation Matrix）のどの象限に当てはまるだろう？ 1分間考えてみてほしい。あなたのプロダクトやサービスを利用することは、ユーザーの行動によい影響を与えるだろうか、それとも悪い影響を与えるだろうか？ そのプロダクトやサービスについて、あなた自身はどう感じているだろうか？ 人々の行動に影響を与えるあなたのやり方に問題はないだろうか？ しっかり考えてみよう。

7

CASE STUDY: THE BIBLE APP
ケース・スタディ：聖書アプリ（Bible App）

HOOKED:
HOW TO BUILD HABIT-FORMING PRODUCTS
BY NIR EYAL

前章で説明した通り、あなたには、ファシリテーターになって、本書の内容を皆の生活を改善するために用いてほしい。自らの仕事の意義を見い出し、ユーザーを啓発し、皆の助けとなるような目的のもとに、日々の業務を行ってほしいのだ。もちろんこれは、モラルとして必要であるのみならず、ビジネスの業績にもよい影響を与える。

　高く評価されている起業家達は、大きな意義や目標によって自らを前進させる。スタートアップの生活はとても厳しいものであり、また、ほんのひと握りの幸運な人だけが、努力ののちに成功を手に入れる。名声と富のためだけに起業する者は、多くの場合そのどちらも手に入れることができない。過ちを犯さないためにも、志をもってことにあたろう。

　本書のフック・モデルは心理学をベースにしつつ、もっとも成功しているサービスの綿密な研究に基づき、習慣化をうながすプロダクトを作るためのノウハウをまとめたものである。ここまで読んでくれた皆さんは、人間がとる行動や心のモデルを理解したわけだが、本章では、世界でもっとも人気のあるアプリの1つを例に、これらのノウハウの集結を見てみよう。アプリそのものへのあなたの評価はさておき、企業とその創業者が自分達の価値観に忠実に従いつつ、いかに顧客の習慣を作り上げたかを学ぶのには最高のケース・スタディである。

　人間をストリップ劇場から遠ざけるほどの力を持つアプリ。普通にはちょっと考えられないが、ボビー・グレネワードをCEOとするYouVersionは、それを作り上げた。同社のアプリ、Bible Appのユーザーがいかがわしい店に入った時のこと、突然、ユーザーのスマートフォンに通知が入った。青天の霹靂である。

　「ちょうどストリップ劇場に入っていった時……なんてこった……聖書からのメールを受信したんだ！ 神が俺に何か言おうとしている！」

　グレネワードに届いたあるユーザーの言葉だ。

7. ケース・スタディ：聖書アプリ（Bible App）

　2013年7月、YouVersionは、同社アプリの記念すべき偉業を発表した。シンプルに「バイブル（Bible）」と名付けられたそのアプリのダウンロード数が1億を超えたのだ。そして今もなお、1.3秒に1件のペースで、その数は増え続けている[125]。

　1秒あたり平均66,000人がこのアプリを起動する。時には、それをはるかに超えた数を記録することもある。毎週日曜日になれば世界中の牧師が「手元の聖書を開くか、YouVersionのアプリを起動してください」と会衆に告げるため、その瞬間、利用者数が跳ね上がるのだ。

　宗教的なアプリの市場は非常に競争が激しい。たとえばアップルのAppStoreで「聖書（Bible）」を検索すると、5,185件もの結果が表示される。これだけ莫大な選択肢の中で、YouVersionのBible Appは選ばれ、人気リストの1番上に表示されている。また、レビューの数も641,000件と群を抜いている。

　いったいどのようにしてYouVersionはデジタル界の「神の言葉」を独占するようになったのだろうか？ Bible Appの成功の背景には、宣教師の熱意を超える何かがありそうだ。消費者心理への深い理解と最新のデータ分析技術の組み合わせによって生まれた、人間の行動を変える技術の粋。その姿を明らかにしよう。

　アプリ業界のインサイダーは、YouVersionのBible Appは大金のなる木だと言う。Institutional Venture Partnersのジェネラル・パートナーであるジュールズ・モルツは、「私の経験から言えば、この企業の価値が200万ドルを下回ることはない」と言う。

　モルツは知っているはずである。というのも2013年7月、彼の企業は、まだ収益を生み出していないSnapchatというアプリに100万ドル投資したと発表した[126]。モルツはこの巨額の投資について、収益を生み

出すまでに天文学的な投資を要した Facebook や Instagram、Twitter、といった IT 系企業の 1 ユーザーあたりの価値を引き合いに出して説明している。加えて、「当たり前だが、広告を介して収益を生み出すことができる企業であることが前提だ」とモルツは言う。

In the Beginning
始まり

　グレネワードは頭の回転も、話すスピードもとても速い。私と話す間も常にサービスに関するリアルタイムな統計データを気にしており、PC に新しい情報が表示されるたびに会話を中断した。一方、アプリ開発のベストプラクティスについて語り出すと止まらなくなることも多く、そんな時は話を遮ってでも質問を投げかけないといけない。

　たとえば彼は、Bible App のユーザー維持について、まるで布教を行うかの口調でこんな風に語る。

「我が社が他社と違うのは、神学校の生徒を対象にした聖書アプリを作ろうとはしなかった点だ。普通のみんなが毎日使うもの、として設計したんだ」。

　習慣的な読者を増やすことに注力したことが、アプリを成功へと導いた。Bible App の成功は、習慣形成技術によるものなのだ。すなわち、神との語り合いにおける「きっかけ（cue）」「行動（behavior）」「報酬（reward）」である。じっくりと見てみよう。

「聖書の教本は今までも存在した」とグレネワードは言う。「私達が現れる前まではずっと、教本が、ペンと紙と一緒に利用されていたんだ。しかし、私はすぐに、Bible App がただの教本アプリではないことに気がついた」。

　実は、初期の YouVersion アプリは、モバイル向けではなかった。「もともとはデスクトップ向けのウェブサイトだったんだが、あまり浸透し

なかった。モバイル版を作ってはじめて、身近なものだからこそしょっちゅう起動される、ということに気がついた。ユーザーである自分達も、そうだった」。

もちろんこれは、驚くべきことではない。Chapter3で見たフォッグ式行動モデルにある通り、人が行動を起こすためには、トリガーが生じたタイミングで、十分な動機付けとそれを遂行できる能力を持ち合わせていなければならない。トリガーが起動しても、他の2つの条件が揃わなければ、人は行動を起こさないのである。

常に携帯されるBible Appは、牧師の指示、あるいは、日々の生活でふとしたきっかけが生じた時に、アプリを起動させるという遂行能力を人々に与えることで、その前身であるデスクトップ向けのものよりもはるかに容易に起動されるようになった。利用者は常にBible Appを携帯し、神聖さからかけ離れた場所でも聖句を読む。18%のユーザーがBible Appをトイレでも利用するという[127]。

How to Form a God Habit
いかに神の習慣を形成するのか

グレネワードによれば、AppStoreが開始された2008年の時点では、幸運にも、Bible Appの類似アプリは存在しなかった。新しいサービスであったAppStoreでの先陣を切ろうと、グレネワードはすぐにアプリを準備した。人気はすぐに上昇したが、たちまち、競争という波が押し寄せる。アプリをナンバーワンの位置に君臨させ続けるためには、なんとかして利用者を維持することが必要だった。

まず実行に移したのが、何種類もの講読プランである。これは、Bible Appの最大の特徴でもある。様々な趣向や問題、言語に合わせ、400以上ものチャンネルを視聴者に提供する、いわば、お祈りにおけるiTunesのようなものだ（ちなみに、習慣化を作り上げるテクノロジー

研究のためにもこのアプリを利用する私が選択したのは、「Addictions」プランである)。

聖書を読む習慣が確立されていない人にとっては、この購読プランが、指導者の役割を果たす。「確かに聖書には、理解が困難な段落もある」とグレネワードも認めている。「購読プランが聖書の様々な段落を日替わりで提供することによって、読者が途中で投げ出さないようにしたいんだ」。

Bible Appは文章を細かく分け、分類して掲載している。消化しやすいサイズにすることによって、読み手の脳は、目の前にある小さなタスクに集中できる。本を丸々1冊読まなければいけない、という強迫観念から解放されるのだ。

Holy Triggers
神聖なきっかけ

5年に及ぶテストと改善によって、グレネワードのチームは最良の運用方法を見出した。今日、Bible appの購読プランは完璧なほどに調整されており、また、グレネワード達は、利用頻度こそがもっとも重要であるという気付きも得た。「私達は、毎日欠かさず利用されるという点に注力している。購読プランのすべての要素を、毎日利用してもらうことを最優先に調整しているんだ」。

利用者に毎日アプリを起動してもらうためグレネワードは、ストリップ劇場に向かう罪深い者へ届いた通知のような、アプリが有効なメッセージを送るように設定した。しかし、グレネワードは、このようなトリガーのしかけに対し、罪悪感も覚えていた。「始めは、通知を送ることが不安だった。ユーザーの邪魔になりたくなかったんで」。

どれくらいのユーザーが、通知を好ましくないと考えるだろうか?

7. ケース・スタディ：聖書アプリ（Bible App）

グレネワードはテストを行って確かめることにした。

- クリスマスに、アプリから利用者へ通知を送る
- 内容は、様々な言語で書かれた「メリー・クリスマス」というメッセージ

通知を不満に思うユーザーから苦情を受けることを覚悟していた。「みんながアプリを削除するかもしれない、と思っていた」とグレネワードは回想する。しかし、実際に起きたのは、まったく逆の反応だった。数多くのユーザーが、端末に届いたメッセージの画像を、Instagram や Twitter、Facebook で共有したのだ。そして現在、通知によるトリガーは、アプリの運営にとっての重要な要素になっている。

グレネワードは、きっかけが毎日の購読プランにおいて、今や重要な役割を果たしていると言う。

私自身も外的トリガーとなる通知を毎日受け取っており、それが、「習慣になっている購読プランを思い出せ」と告げる。デジタル機器への依存症を治そうとしているのだが、今回だけはどうにもならないようだ。

最初の通知を回避したとしても、聖書のアイコンに点灯する赤いバッジが再び私に合図する。もし、購読プランの1日目を始めることができなかった場合は、もっと易しいものなど、今とは異なるプランに変更することを提案する通知を受け取ることになる。さらに私の場合は、e メールで句を受け取るオプションに登録しているので、アプリを起動することなく数日が経過したなら、それを思い出させる e メールを受け取ることになる。

Bible App には、ウェブ上の仮想的な集会もある。会員は、互いの励みになるような言葉を送る傾向にあり、より多くのきっかけをもたらしている。広報によると、「コミュニティー e メールはアプリを開くため

に軽いきっかけとなっている」とのことである。このような外的トリガーが Bible App には張りめぐらされており、これらが、利用者がアプリを利用し続ける大きな理由になっている。

Glory Be in the Data
神の栄光がデータの中に

利用者がアプリに何を望むかを理解するために、Bible App のチームは数百万もの利用者から集めた行動データを調査した。「私達のシステムには莫大な量のデータがしっかり蓄積されている」とグレネワードは語る。データの分析により、どのようにすれば利用者を維持できるのかに関する重要な知見が得られるのである。ここで特に重要とされるのは「使いやすさ」である。

ゲシュタルト心理学のクルト・レヴィンから今日の研究者まで、多くの心理学者が同意するように、操作が容易なほど、人々はより高い頻度で利用するようになる。

Bible App では、なるべく原文に近い意味で、神の言葉が読みやすくデザインされている。また、より気楽に Bible App を起動させる習慣を持たせるために、たとえば、読むよりも聞くことを好むユーザーは、小さなアイコンをタップするだけでチャールトン・ヘストン自身の声で話を聞くことができる。

興味を惹くようなセクションを前方に配置し、やや退屈なセクションを後方に残すように聖書内の配置を変更すると、最後まで読み終える確率が増すということもデータにより示された。さらに、新規利用者のために、感動を与えるような簡単な文や短い句を掲載するという工夫もなされた。これは、アプリの利用がユーザーの習慣になるまで継続する。

7. ケース・スタディ：聖書アプリ（Bible App）

Rewards from the Lord
神からの褒美

聖句との関連によりユーザーの深い感情を引き出すことについて、「責任を持って利用しなければならない」とグレネワードは言う。Bible Appを利用する習慣のある者は、携帯端末上で通知を見た時だけではなく、気分が沈んでいる時、また自らを奮い立たせる必要がある時にはいつもこのアプリを起動させるからだ。

「聖書は神が私達との語らいを持つための、1つの方法であると確信している」とグレネワードは言う。そして、「人々は聖書の句を見ると、自らの人生や状況に当てはめられるような英知や真実を感じるものだ」と続ける。Skepticsはこれを「主観的な検証（subjective validation）」と呼ぶだろうし、心理学者はこれを「フォアラー効果」と呼ぶ。しかし忠実な信者にとってこの行為は、神と個人的に話をしていることになるのだ。

ある時Bible Appを開くと、「習慣性」という題名で特別に選ばれた句が私を待ち受けていた。たった2回のタップで「テサロニケの信徒への手紙1 5:11」を読んでいる。「ある日の弟子達」への励ましや、「慎み深くしていよう」という言葉。このような心安らぐ言葉は、まるでアプリに包まれたご褒美かのごとく、読む者の気持ちを穏やかにする。

グレネワードは、Bible Appは神秘的かつ変化に富んだ要素も備えていると言う。「次の日にどの句が現れるのかを知りたいがために、深夜12時まで起きている女性も存在するんだ」。どの句が選ばれ、またそれがどのように個人の問題と関連するのか、「わからない」ということも、読む習慣においては重要な役割を担っている。

私自身のご褒美はたとえば、句が終了した後に画面いっぱいに現れる「本日完了！」の文字だ。読み終えた聖典の横にチェックマークが現れ、

加えて別の聖典が私の購読カレンダーに現れた。もしサボって1日飛ばすと、日々のチェックマークに穴を開けることとなる。これは、人が目的に近づけば近づくほどモチベーションを上げるというもので、心理学者は「エンダウド・プログレス効果」と呼んでいる。このような法則は、ゲームデザイナーがプレイヤーにゲームを進行させるためにも用いられている。

Bible App の購読プランはこれ以上ないほどの習慣性を作り上げるが、もちろん、すべての人がこの機能を利用しているわけではない。事実、グレネワードも、アプリをダウンロードした利用者の多くがアカウント登録の手続きをしていないと発表している。紙媒体の聖書の代わりにアプリを利用してはいるものの、数百万もの利用者はいかなるプランも購読していないのだ。しかし、このようにアプリを利用されることも、問題ではない。未登録の利用者は、アプリがさらに大きくなる可能性でもあるのだ。毎日 20 万件もの数で行われる SNS でのシェアが、新しいユーザーを生み出している。

アプリを普及させるため、新しい句を掲載する際には、最初のページで読み手に挨拶をする。句の下に、「本日の句をシェア」と大きな青いボタンを設けている。一度クリックするだけで、日々の聖典は Facebook や Twitter にシェアされる。

人が最近読んだ句をシェアする動機がどこから生まれるかについては、まだしっかりとした研究は行われていない。1つ考えられる理由は、「謙虚さを装った自慢（humblebrag）」[128] として知られているものだろう。「自らに関する情報を開示することが、自身への報酬になる」と題されたハーバード大学のメタ分析によってその行為は発見され[129]、シェアするという感覚は心地よいものであり、「自らに関する情報を公開する際に、お金を使いたくない」という研究結果もあるのだ。

Bible App によって聖句を共有する機会は多くあるものの、もっとも

7. ケース・スタディ：聖書アプリ（Bible App）

効果的にアプリのダウンロード数を増やしている経路の1つは、実は、オンラインではなく、熱心に教会へ足を運ぶ人々が毎週並んで着席する座席にある。

「アプリに関心のある人々が周囲に存在するからこそ、アプリについて互いにシェアする」と、グレネワードは語る。人々が口頭でシェアすることの多い日曜日、ダウンロード数はいつも上昇するのだ。

牧師や神父がアプリに自らの説法を登録すれば、信者はページをめくることなくリアルタイムで本や句、一節を追うことができる。ひとたび教会の指導者が利用し始めると、おのずと信者達も従うのである。

教会でBible Appが利用されるという事実は、ダウンロード数の増加だけではなく、アプリへ没頭が深まるという利益ももたらす。ユーザーが、句にハイライトをつけ、コメントを述べ、ブックマークを作成し、共有するたびに、彼らとアプリとのつながりは深くなる。

前章で述べたようにダン・アリエリーとマイケル・ノートンは、人々の製品に対する評価は、わずかな作業によって高まることを示した。この「イケア効果」は、Bible Appにも当てはまる。

また、多くの読者がBible Appに時間を費やすほど、Bible Appは礼拝や信仰に関するデータベースとしても成長する。何度も読み込んだ本と同じように、理解や知識の書き込みで満ちたBible Appは、そう簡単に削除することができない大切な財産となる。読者がBible Appを利用するほど、読者にとってますます価値のあるものとなる。別のデジタル聖書に変更（神は許しはしないだろうが！）するユーザーは、新たアプリではこれまでの蓄積を利用できない。これが、YouVersionの独占に拍車をかけることとなる。

グレネワードは誰とも競争をしていないと主張するが、App Storeの

カテゴリー上で自らの Bible App がランキングの上位に位置していることは、しばしば言及している。ランキングのトップに君臨するそのアプリは、1億回を超えてインストールされているが、グレネワードは、Bible App 利用者の拡大とさらなる習慣化をうながすための新しい手段を求めて、今後も膨大なデータをより細かく分析し続ける予定だ。何千万もの習慣的なユーザーにとって、Bible App は「天の恵み、賜物」なのだ。

★ ★ ★
REMEMBER AND SHARE
リメンバー・アンド・シェア

◎Bible App はデスクトップのウェブサイトとしてはあまり魅力的ではない。モバイルというインターフェースに特化しているからこそ、多くのトリガーを提供でき、高い利便性と利用頻度の増加が導かれるのだ

◎Bible App はあらかじめ準備された興味深いコンテンツに加え、音声という選択肢を提供することにより、利用者がアプリを起動する可能性を増やしている

◎聖書の句を細かく分割することで、利用者はより気軽に毎日聖書を読めるようになる。句が日々配信されることは、利用者が配信を毎日待ち望むという価値を生み出す

◎機能は使えば使うほどユーザーの利用データが蓄積され、それがアプリにさらなる価値を加える。これは、利用者をアプリに没頭させる重要な要素である

8

HABIT TESTING AND WHERE TO LOOK FOR HABIT-FORMING OPPORTUNITIES

習慣性のテストと習慣化をうながす機会を探る

Hooked:
How to Build Habit-Forming Products
By Nir Eyal

HABIT TESTING AND WHERE TO LOOK FOR HABIT-FORMING OPPORTUNITIES 8

　フック・モデルとそれが論理的に人間行動へ与える影響を理解したところで、本題に取りかかろう。あなたのアイデアを4つのステップに照らし合わせることで、そのプロダクトの習慣を作り上げる際の弱点が見えてくるはずだ。

　内的トリガーは、利用者が頻繁に行動を起こすように、うながすものになっているだろうか。外的トリガーは、ユーザーが行動を起こしやすい状態の時に、働きかけるようになっているだろうか。利用者が満足を得つつ、リピートをうながすようになっているだろうか。利用者はそのプロダクト利用することで報酬を得られ、さらにそれを得ようとリピートするような仕組みができているだろうか。

　どの部分が欠けているかを知れば、プロダクトのもっとも重要な部分の開発に注力できるようになる。

Habit Testing
習慣テスト

　前章までの「DO THIS NOW」を理解することで、プロダクトを試作するための知識は得られたはずだ。「言うは易く、行うは難し」とは言うものの、それを単なるアイデアで終わらせないために、ユーザーの習慣化をうながすシステムを構築することが必要だ。成功するシステムを生み出すには、忍耐と根気が必須条件である。フック・モデルは、既存のプロダクトやサービスのその分野における可能性を探るのはもちろん、習慣性を作り上げる可能性の少ないアイデアを発見する際にも有効なツールである。しかし、クリエイターが自ら予測を立てた後それを証明するためには、実際に利用者で試験するしか方法はない。

　習慣化をうながすプロダクト作りは反復的な作業であり、ユーザーの行動分析と終わりのない試行錯誤が必要だ。本書のフック・モデルを用いて、あなたのプロダクトのユーザーに習慣性を作り上げることが可能

か否かを知るには、どうすればよいだろうか。

　私は自分の研究結果に加え、現在もっとも成功している習慣化をうながすプロダクトを作っている起業家と議論をした後に、「習慣テスト（Habit Testing）」と呼ぶテスト方法をまとめた。これはリーン・スタートアップで提唱されている「構築—計測—学習」のフィードバックループにヒントを得た手順である。習慣テストには、洞察力と習慣化をうながすプロダクトを設計するのに必要となる実用的なデータを用いる。このテストでは、そのプロダクトを支持しているのはどんな人なのか、（もしあれば）プロダクトのどの部分が習慣を形成するのか、そして、自社プロダクトがなぜ利用者の行動に変化をもたらすのかを明らかにする助けになる。

　習慣テストの対象は常に生活用品である必要はない。しかし、リピーターがどのようにシステムを利用しているのかといった、総合的な視点がなければ明確な結論を下すのは難しい。以下に挙げるステップは、すでにプロダクト、ユーザー、そしてテストに利用できるデータを持っていると仮定した場合のものである。

Step 1: Identify
ステップ1：調査

　習慣テストの最初の質問は「どういった人がプロダクトを習慣的に利用しているのか？」である。プロダクトの利用頻度が高いということは、ユーザーの習慣を形成できる可能性があるということを覚えておこう。

　まず、リピーターの定義を決めよう。どのくらいの頻度でプロダクトを「使わなければならない」のか？　この質問に対する答えはとても重要であり、あなたの視点を大きく変えてくれるはずだ。また、似ているプロダクトや同じような手段において、公に利用可能なデータを用いると、ユーザーやつながるべきターゲットを定義する際に役立つことだろ

う。データが利用できない場合は、経験に基づいた予測（ただし、現実的で率直なもの）を立てなければならない。

　もし、TwitterやInstagramのようなソーシャルネットワーク・アプリを作っているなら、1日に数回サービスに訪れるような習慣的なユーザー像を考えてみよう。だが一方でRotten Tomatoesといった映画の推薦サイトに、1週間に1、2度訪れるようなユーザー像を仮定してはならない。なぜなら、こういったサイトに訪れるユーザーは、映画を見た後、あるいは見ようとする映画を調べるために訪問しているからだ。極端に利用頻度が高いユーザーを根拠にするといった、過度に自信を持った予測を立ててもダメだ。一般的なユーザーがどのくらいの頻度でプロダクトと接するかという現実的な予測が必要だ。

　ユーザーがプロダクトを利用する頻度が判明したら、その条件に合うユーザーはどのような人物で、どのぐらい存在するのかを具体的な数字で算出する。年齢層を分析することは、プロダクトを繰り返して使うことによるユーザーの行動の変化を予測するためのよい練習になるだろう。

Step 2: Codify
ステップ2：仮説

　ステップ1がうまくいけば、習慣的な行動を作り上げる条件に合うユーザーをわずかでも確認できたであろう。どの程度、ユーザーが存在するのがよいのか。私の考える目安は5%だ。

　もちろんビジネスとして成立させるためにはより多くのユーザーが必要になるが、スタート時の水準としては申し分ない。

　しかしながら予想に反し、その5%のユーザーがあなたのプロダクトの価値を認めなかった場合は問題だ。それはつまり、ユーザーの特定方

法に誤りがあったか、あるいは、そのプロダクトはアイデア段階から出し直す必要があるということだ。しかしそのハードルを越えて見事ユーザーの特定に成功したのであれば、次のステップは、既存の利用者がとった行動の体系化である。このステップでは、ユーザーがリピーターになるきっかけを探る。

ユーザーはそれぞれの方法でプロダクトを利用する。利用方法に一定の法則があったとしても、そこには必ず個性が表れる。利用に至るまでの経路や、ユーザー登録の際に設定する条件、同じサービスを利用している友人の数、それらはすべて習慣化への手がかりとなる。ユーザー同士に類似点があるか、データを詳細まで調査しよう。見つけるべきは「習慣化の過程（Habit Path）」、つまり、繰り返して使う、多頻度なユーザーに共通する行動である。

たとえば Twitter が普及して間もない頃、新規ユーザーがいったん 30 人をフォローすると、その後もそのユーザーの Twitter を利用し続ける確率は飛躍的に高まることが発見された[130]。

すべてのプロダクトには、リピーターのみがとる一連の行動パターンが存在する。習慣化の過程を見つける目的は、その行動パターンのうち、どのステップがリピート行動へのきっかけとなっているかを明らかにし、その点を強化することにある。

Step 3: Modify
ステップ 3：改善

新たな視点を学んだところで、今度はプロダクトを見直し、新規ユーザーをリピーターと同じ習慣化の過程へと導く方法を見つける段階となる。たとえば、新規登録ページの更新やコンテンツの変更、機能の削除、あるいは既存の機能を強化することが考えられる。Twitter は前のステップで述べた視点を用いて、新規利用者がすぐに他の利用者をフォ

ローしやすくなるよう、新規ユーザー登録方法に修正を加えた。

　習慣テストは、新しい機能やプロダクトに対して継続的に行えるテストだ。年齢別に利用者を追跡し、習慣的なユーザーの行動と比較することで、いかにプロダクトを進化させ、改善していくべきなのかが見えてくる。

Discovering Habit-forming Opportunities
習慣性を形成する機会を見つけるということ

　設計者がテストする既存プロダクトを手にしなければ、習慣テストは行えない。では、新しい技術を持ったプロダクトの習慣性が作り上げられる可能性はどこに見い出したらよいのだろうか。

　新しいプロダクトを開発する場合、成功する保証はどこにもない。本書で述べるような魅力的なプロダクトを作り出すとともに、ベンチャー企業では収益化と成長の道を見い出していかねばならない。本書では、顧客価値をもたらすビジネスモデルや、収益を生み出すための顧客獲得法については述べないが、この2点はいずれもビジネスの成功にとっては不可欠な要素である。新しい企業が成功するためには、複数の物事がうまく運ばねばならないが、ユーザーの習慣を作り上げることはその1つに過ぎないのである。

　Chapter6で見たように、私達が「ファシリテーター」であるということは、単に道徳的な義務というだけでなく、実務においてもよい影響をもたらす。設計者が実際に利用し、また設計者自身が人々の生活をより素晴らしいものへ導くと信じるようなプロダクトを作り上げるということは、人々が求めているようなプロダクトにより近づくということを意味する。したがって、起業家や設計者が新たな機会を模索するための最初の場所は、鏡の中にあると言える。ポール・グレアムは、魅力的なビジネスアイデアはまず後回しにして、代わりに起業家自身が必要とし

ているもののために起業せよと助言する。「『どの問題を解決すべきか』と尋ねる代わりに、『どの問題を他人に解決してもらいたいか』と尋ねよ」と[131]。

　設計者は、設計者自身という1人の利用者として、自身が必要とするものを研究することで、素晴らしい発見や新しいアイデアを見い出すことができる。たとえば、ソーシャルネットワークへの投稿サービスを提供するBufferは、創設者が自身の行動をより深く観察することによって生み出された。

　Bufferは、2010年に設立され、現在110万人以上に利用されている[132]。その創設者であるヨエル・ガスコインはインタビューにて、起業の発端について述べた[133]。「Twitterを約1年半利用した後、Bufferというアイデアが生まれた。私が気に入ったブログ記事や引用文をシェアしていたら、私のフォロワーはそういったツイートが気に入っているということに気がついた。自分のツイートがリツイートされることや、ツイートしたブログ記事や引用文について交わす会話がとても楽しいと思った。スマートな人や興味深い人と会話を楽しむことがきっかけで、もっと頻繁にそういった記事をシェアしたいと考えるようになったんだ」。

　ガスコインは次のように続ける。「というわけで、より多くのブログ記事と引用文をシェアするという目的を果たすため、まずは手作業で作業を始めた。こういったツイートは後々のためにも計画を立てたほうが効率的だということにすぐに気付いたので、当時利用可能だったいくつかのTwitterクライアントを使い始めた。ただ『1日に5回』ツイートしたいというだけだったので、ツイートを流す正確な日時を決めなければならないということにもっとも苦労した。単にツイートが拡散されればよかったから、毎日記事などを読むと同時にシェアすることはしていなかった。しばらくの間は、計画したツイートをいつ投稿したか、メモ帳を使って記録しながら、なんとか1日5回ツイートすることができた。この作業は相当面倒なものだったので、新しいアイデアが生まれた。通

常ツイートするのと同じくらい簡単に『1日×回』ツイートできるような、計画的なツイートシステムを作ろうと思ったんだ」。

ガスコインの話は、起業家自らが問題を対処した典型的な例である。既存の手段を利用する中で、提供されるサービスと自らが必要としているものの間にギャップがあることに気付いた。そして自らが利用しているプロダクトから省けるステップを見つけ出し、よりシンプルに作業をこなす方法を考案したのである。

注意深く自分を観察することによって、習慣化をうながすプロダクトを作り上げる機会は発掘できる。1日を過ごす中で、自分自身に問うてみるとよい。ある事柄を自分はなぜするのか、あるいはしないのか、こういったタスクはどうしたらより簡単に、あるいはより価値のあるものになるのか。

自分自身の行動を観察することで、習慣化をうながす次のプロダクトを思いついたり、既存のプロダクトに画期的な改善を施したりする手立てを見つけうる。次節では、さらに技術革新の機会をもたらしやすい環境について述べる。これらは新たな習慣化の成功を収めたビジネスをさらに発展させるために必要な、既存の行動を見つけ出す近道だと考えてもらいたい。

Nascent Behaviors
初期行動

時には、市場の隙間を埋めるために生まれた技術が主流になることがある。わずかなユーザーから始まった行動がより多くの人々へと広がっていくことがあるが、これは広いニーズにその行動が合致しうる場合のみである。しかしながら、そのテクノロジーが当初はわずかな人にしか利用されなかったことに惑わされ、そのプロダクトの真の潜在能力を見過ごしてしまうことがしばしばある。

世界を変えた技術革新の多くは世に登場した時、商業的な魅力はあまりないとみなされていた。ジョージ・イーストマンのフィルム内蔵型ブラウニー・カメラは、当初は子ども向け玩具として、わずか1ドルで売り出されていた[134]。プロのスタジオ写真家達は、この機材を安物の遊び道具に過ぎないと見ていた。

電話の発明もまた、当初は受け入れられなかった。有名な話だが、英国郵便局の主任技師ウィリアム・プリース卿は次のように宣言した。「アメリカ人は電話を必要とするのかもしれないが、私達には不要だ。イギリスにはメッセージ・ボーイがたくさんいるのだから[135]」。

1911年には、後に第一次世界大戦で連合軍の最高司令官となるフェルディナンド・フォッチがこう述べている。「飛行機は面白いおもちゃだが、軍事的な価値はない[136]」。

1957年には、Prentice Hall のビジネス書編集者が自社で次のように述べたという。「私はこの国を縦横無尽に駆け回り、トップの人達と話をしてきた。自信を持って言えるのは、データ処理というものは一時的な流行で、1年ももたないだろう」。

インターネットや、それに付随して次々に起こった技術革新の波は、大衆受けするものではないと、常に批判にさらされてきた。1995年にクリフォード・ストールは『Newsweek』誌に「インターネットだって？フン！」と題した記事を寄せている。そこでストールはこう断言した。「実際、オンラインのデータベースが日々の新聞の代わりとなることはない……」そしてストールはこう続ける。「……すぐに本や新聞をインターネット上で買うようになるだろう。ああ、そうだよ[137]」。

しかし、私達は現在インターネット上で新聞や本を読んでいる。技術の進歩に対して、人は多くの場合疑い深いものだ。古い習慣を捨て去る

ことは難しく、また、新しい技術革新がどのように日々の生活に変化を与えることになるのか、先見の明を持つ人はほとんどいないのである。しかしながら、初期行動を発展させるアーリー・アダプターの行動を探ることで、起業家や設計者はニッチな市場を活用するべきか見極めることができ、またそれによって主流になることが可能になるのだ。

たとえば、Facebookは、最初はハーバード大学の学生のみに利用されていた。サービスは、学生の顔写真とプロフィールを載せた本を読むという、当時の学生による日々の行動がネットワーク上で模倣された。ハーバード大学での人気を拍車に、Facebookは、私立のアイビーリーグにも広がり、それを経て全国的に広がった。次に、高校生が利用し始め、後に会社員と続いた。そして2006年9月に、Facebookは世界に広まった。今やFacebookは10億人以上に利用されている。1つの大学で始まった初期行動が世界的に広がり、多くの人にとって、他人とのつながるためになくてはならないものとなっている。

本書のChapter1で述べたように、多くの習慣を形成するテクノロジーは「ビタミン剤」のように始まる。所持しておけば安心なプロダクトとして生まれるが、いつの日か「鎮痛剤」のようななくてはならない存在に変わる。飛行機から短期宿泊マッチングサイトのAirbnbまで、多くの技術や企業の大躍進は、初期においてはおもちゃやニッチ市場であると批判にさらされ、見過ごされてきたことは明らかである。初期行動を探ることは、しばしば価値のある新しいビジネスの機会を発見する可能性につながるのである。

Enabling Technologies
実現を可能にする技術

シリコンバレーのスーパーエンジェル（投資金額が大きく、投資対象も成功している個人投資家）であるマイク・メープルズ・ジュニアは、技術というものを大きな波の上でのサーフィンに例えている。2012年

にメープルズはブログで次のように述べている。「私の経験からすると、約10年ごとに大きな新技術の波が押し寄せてくる。私が高校生の頃にはPC革命があった。クライアント／サーバーシステムという波の終盤と、インターネットの波の初期に、私はアントレプレナーとしてのキャリアを築いた。そして今日、私達はソーシャルネットワーキングの波が拡散する段階にいる。私はこのような技術に夢中で、波がいかに発展していくのか、どういったパターンがそこに見られるのかを研究するのに多くの時間を割いてきた」。

メープルズの考えでは、テクノロジーの波は3段階のパターンを踏襲するのだという。「まずはインフラから始まる。インフラの発展が大きな波を引き寄せる準備となる。波が引き寄せられ始めると、実現可能なテクノロジーとインフラとなるシステムが、新しい種類のアプリケーションの基礎を作っていく。そしてそれによって、引き寄せられつつある波が一気に浸透し、顧客がそれについていく。最終的にはこういった波は頂点に達した後静まってゆき、また次に引き寄せられる波へと道を譲ることになる[138]」。

あなたが絶好の機会を伺っている起業家なら、メープルズの例え話についてよく考察するとよい。新たな技術が急激に行動を容易にすると、そこにはいつでも新しい可能性が誕生するのである。新たなインフラの出現により、これまでに考えつかなかったような、行動をよりシンプルに、より価値のあるものにするための方法が開発されることがある。たとえば、インターネットがそもそも普及したのは、合衆国政府が冷戦中に整備したインフラのおかげだった。そして、ダイヤルアップ・モデムや、後には高速インターネット接続といった実現可能なテクノロジーがウェブへのアクセスを提供することとなる。最後には、HTMLやウェブブラウザ、検索エンジンといったアプリケーションの層がWorld Wide WEBの閲覧を可能とした。それぞれの段階で、前段階に存在する実現可能なテクノロジーによって、新たな行動やビジネスが可能となったのである。

より高速に、より高い頻度で、より価値をもって、フック・モデルを通じて新しいテクノロジーを普及させている分野が、新しい習慣を作り上げるプロダクトの開発に役立つ基礎を提供している。

Interface Change
インターフェースの変更

　テクノロジーの進歩は、しばしば新しいフックを生み出す機会を作り出す。しかしながら、テクノロジーの変化はそんなに多く必要ない。多くの企業は、どうすればユーザーの行動を変更して新しいルーチンを作り出せるのかを認識することによって、新しい習慣を作り上げることに成功したのだ。

　大きな変更が加えられるたびに、人はその影響を受ける。ことさらインターフェースの変化は、突然すべての行動を容易なものにする。行動を達成するための労力が軽減されると、続いて、爆発的に利用率が増加する傾向にある。

　テクノロジービジネスの歴史は、インターフェースの変更によって行動上の秘密が可視化されたことにより、財を成した。アップルとマイクロソフトは、重い端末のインターフェースにたくさんの人がアクセス可能となるグラフィカルユーザーインターフェース（GUI）に変更することで成功した。検索サイトのポータルであるYahoo!やLycosは、表示される広告が多くて使いにくかったため、Googleは検索インターフェースを単純化した。TwitterやFacebookは、ソーシャルなつながりを単純化したインターフェースでもって新しい行動に基づいたインサイト（洞察）を作り出した。いずれの場合も新しいインターフェースは、行動を容易にし、ユーザーの行動について驚くべき事実を発見したのである。

　もっと最近では、InstagramやPinterestは、インターフェースの変

革がもたらす行動に基づいたインサイトを利用している。ピンボードサービスの Pinterest は、インターフェースの最先端の変化をもたらし、オンライン・カタログの習慣性に関する新しい観点を明らかにした。Instagram のインターフェースの変化は、スマートフォンに内蔵されているカメラによってもたらされた。Instagram は比較的低画質と言われるスマートフォンの写真を、ローテクのフィルタを使うことで、美しく見せられるということを明らかにしたのだ。また、携帯電話で素早くよい写真を撮るというのが簡単であるという行動に基づいたインサイトを利用して、熱狂的にスナップ写真を撮る集団を形成した。Pinterest と Instagram のどちらも、テクノロジー的に大きな挑戦を行うことなく、行動におけるよくある問題の解決策となることで、小さなチームで開発していたにもかかわらず、大きな価値を生み出した。タブレットなどのモバイル機器の高速な普及速度からは、インターフェースの変革によって革新的なプロダクトが生まれた。そして、新たなスタートアップによって生み出されるプロダクトやサービスは、モバイル利用者のニーズと行動を用いてデザインされている。

ポール・ブッシェ（Y-Combinator のパートナー）は、「未来に生きろ」と起業家を激励している[139]。2、3年後にはおびただしい数の革新的なインターフェースの登場が予想されているからだ。着用可能なテクノロジーである Google Glass や、バーチャルリアリティゴーグルである Oculus Rift、そして Pebble といったスマートウォッチなどがリアルとデジタルという世界を作り出すことで、これまでのユーザーとの接し方を変えることになるのは間違いない。わくわくするようなインターフェースの変化が予想される場所に、設計者はユーザーの習慣を作り上げる新しい方法を見つけ出すことになるのだろう。

★ ★ ★
Remember and Share

リメンバー・アンド・シェア

◎フック・モデルは、最初の試作品を生み出す際にも、既存のプロダクトの隠れた弱点を明らかにする際にも適用できる

◎リピーターを明らかにしたい時、習慣を形成する要素やユーザーの行動に変化をもたらす要素を明らかにしたい時、テストは大変有効である。テストには「調査」「仮説」「改善」の３つのステップがある

◎［ステップ１：調査］人々がどのように行動してプロダクトやサービスを利用しているか明らかにするために、データを丹念に調べる

◎［ステップ２：仮説］リピーターを探して体系化する。新しい仮説を立てるために、リピーターがとる行動や経路を研究する

◎［ステップ３：改善］より多くの利用者がリピーターと同じ経路を通るようにプロダクトやサービスを修正し、そして結果を評価して、必要に応じて改善を続ける

◎自分の行動を鋭く観察することは、新しい洞察力や新たなプロダクトやサービスを生み出す機会へとつながる可能性がある

◎フック・モデルが特に高速に、高い頻度で機能しているポイントを発見することができれば、そこからさらに新しいプロダクトを生み出せる可能性がある

◎ほとんどの人がまだ気付いてもいないし、行ってもいないが、いずれは大きな市場へと成長するような行動が時として存在する

◎新しいインターフェースは、行動の変化とビジネスの機会をもたらす

✦ ✦ ✦

Do This Now
今すぐやってみよう

　Chapter5の「DO THIS NOW」の回答を思い出しながら、次の問いに答えてほしい。

- Ⓠ 利用者が長期にわたりプロダクトやサービスを利用するステップを発見するために、本章で述べたテストを実施しよう。

- Ⓠ 来週1週間、日用品を使う際に、自分の行動や感情を意識して、次の質問に答えてみよう。
    - このプロダクトを利用することになったトリガーは何だろうか？　外的、内的トリガーは何だろうか？
    - 自分は、意図された通りにこのプロダクトを利用しているだろうか？
    - どうすればこのプロダクトをより多くの人が手に取るだろうか？　どんな外的トリガーを使うとリピーターになれるだろうか？　プロダクトに対してもっと時間を費やしてもらうためにはどうすればいいだろうか？

- Ⓠ 普段あまり付き合いのない3人に声をかけて、それぞれのモバイル機器のトップ画面にどういうアプリがあるのか見せてもらおう。トップ画面のアプリを普段通りに使ってもらい、意味のない行動や、新しい行動が見られないかを確認してみよう。

- Ⓠ あなたのビジネスにチャンスあるいは脅威をもたらしうる新しいインターフェースを5つ、考えてみよう。

APPENDIX
付録

Hooked:
How to Build Habit-Forming Products
By Nir Eyal

ACKNOWLEDGEMENTS
謝辞

　もし私が、「この本を書いている間、あなたが学んだもっとも驚くべきことは何でしたか？」と尋ねられたなら、その答えは、本書に載せた研究結果でもなく、企業事例でもない。本を書くという行為に2年半もの間魅了され続けたが、先の質問の答えは1つしかない。それは、「人間がこれほど寛大だと思ったことはなかった」ということだ。

　以下の人々に感謝を捧げる。本書は彼らなしでは作り上げることができなかった。

　Michelle Ahronovitz, Stephen Anderson, Dan Ariely, Jess Bachman, Gil Ben-Artzy, Laura Bergheim, Michal Bortnik, Vlada Bortnik, Jonathan Bolden, Ramsay Brown, Tim Chang, James Cham, Andrew Chen, Sangeet Paul Choudary, Steve Corcoran, Alex Cowan, John Dailey, Tanna Drapkin, Karen Dulski, Scott Dunlap, Eric Eldon, Josh Elman, Jasmine Eyal, Monique Eyal, Ofir Eyal, Omer Eyal, Ronit Eyal, Victor Eyal, Andrew Feiler, Christy Fletcher, BJ Fogg, Janice Fraser, Jason Fraser, Shuly Galili, Ben Gardner, Kelly Greenwood, Bobby Greunwald, Jonathan Guerrera, Austin Gunter, Steph Habif, Leslie Harlson, Stephen Houghton, Jason Hreha, Gabriela Hromis, Peter Jackson, Noah Kagan, Dave Kashen, Amy Jo Kim, John Kim, Michael Kim, David King, Thomas Kjemperud, Tristan Kromer, Rok Krulec, Michal Levin, Jonathan Libov, Chuck Longanecker and the team at Digital Telepathy, Jennifer Lu, Wayne Lue, Jules Maltz, Zack Marom, Dave McClure, Kelly McGonigal, Sarah Melnyk, Oreon Mounter and the team at MomentCo.com, Matt Mullenweg, Yash Nelapati, David Ngo, Thomas O'Duffy, Max Ogles, Amy O'Leary, Line Oma, Alex Osterwalder, Trevor Owens, Brett Redinger, Sharbani Roy, Gretchen

Rubin, Lisa Rutherford, Kate Rutter, Paul Sas, Todd Satterstein, Travis Sentell, Bhavin Shah, Hiten Shah, Jason Shen, Baba Shiv, Paul Singh, Katja Spreckelmeyer, Jon Stone, Nisha Sudarsanam, Lydia Sugarman, Tim Sullivan, Tracey Sullivan, Guy Vincent, Jeff Waldstreicher, Charles Wang, AnneMarie Ward, Stephen Wendell, Mark Williamson, David Wolfe, Colin Zhu, Gabe Zichermann

加えて次の2人には、さらなる感謝の意を表したい。

まず、ライアン・フーバー（Ryan Hoover）。彼は本書の共著者であり、私のブログ記事や書き散らしたスクラップを寄せ集める手助けをしてくれ、それを本へ凝縮することに尽力してくれた。彼の献身的な姿勢や文才、そして粘り強さが、本書を現実のものにしてくれた。彼のキャリアのスタートを一緒に過ごせたことは幸運であり、今後は、彼の名声をあちこちで聞くことになると確信している。

そして本書を、私の妻ジュリー・リー・イヤール（Julie Li-Eyal）に捧げる。ジュリーは書籍のカバーデザインや図版作成といった、執筆における実務的な仕事はもちろん、作業と作業の合間の相談役として、すべてにおいて手助けをしてくれた。しかしながら、彼女にもっとも感謝したいのは、私に対する揺るぎないサポートである。ジュリーの無限の愛情に感謝するとともに、自分の幸運に常に驚いている次第だ。

APPENDIX

CONTRIBUTORS
貢献者達

洞察に満ちたフィードバックや慎み深い編集、精神的サポート、そして穏やかな催促を寄せてくれたブログ購読者の皆さんに感謝したい。

ここに記載した方々は、本書を改善するために、自身の時間と洞察を提供してくださった。本書への貢献に畏敬を表すとともに、その意思があったからこそ本書は完成したことを記しておく。

Shira Abel	Gary Baker
Ashita Achuthan	Courtney Baker
Géraldine Adams	Paul Ballas
Buki Adeniji	Jennifer Baloian
Anuj Adhiya	Naren Bansal
Akash Agarwal	Jenny Barnes
Michael Agnich	Anat Baron
Payam Ahangar	Matthew Barry
Charles Ajidahun	Neal Battaglia
Bashar Al-Nakhala	Brian Bell
Adi Alhadeff	Simon Bentholm
Colt Alton	Tim Benwell
Dina Amin	Hampus Bergqvist
Preet Anand	Brian Bettendorf
Margaret Ancobiah	Ajay Bharadwaj
Ravikiran Annaswamy	Maggie Biggs
Lauri Antalainen	Brad Birt
Nikola Arabadjiev	Justin Blanchard
Steve Arnold	Jim Bloedau
Conall Arora	Sean Boisen
George Arutyunyan	Jason Brady
Sunil Arvindam	Johan Brand
Eldad Askof	Jamie Bresner
Taimur Aslam	Ramsay Brown
Nadya Averkieva	Robert Brown
Mark Avnet	Sarah E. Brown
Hazem Awad	Brendan Brown
Paul Baccaro	Piotr Bucki
Deepak Baid	Ella Buitenman

付録

- Josip Bujas
- Gabriela Cándano Herbas
- Marica Caposaldo
- Christopher Carfi
- Jon Carr-Harris
- Kevin Carroll
- Giuseppe Catalfamo
- Yoonji Chae
- Ora Chaiken
- Jacky Chan
- Dennis Chandler
- Kathy Chang
- Stephen Chang
- Geeta Chauhan
- Sylvia Chebi
- Zhongning Chen
- Lucy Chen
- Frank Chen
- Chikodi Chima
- Vivek Chopra
- Sangeet Paul Choudary
- Scott Christ
- Yannis Christopoulos
- Eugene Chuvyrov
- Fran Civile
- Gillian Clowes
- Armin Čobo
- Victor Colombo
- Jim Conaghan
- Esteban Contreras
- Jacob Cook
- Justin Copeland
- Maxime Cormier
- Ben Cote
- Sylvia Creswell
- Hana Crume
- Andrian Cucu
- Steve Cunningham
- Antonio D'souza
- Diogo da Silva
- Steven Daar
- Hadiyah Daché
- Chad Dahlstrom
- David Datny
- Deeti Dave
- David Davenport-Firth
- Detrick DeBurr
- Bart Denny
- Shai Desai
- Simren S. Dhaliwal
- Cassius Dhelon
- CASUDI aka Caroline Di Diego
- António Dias
- Andre Dickson
- Andrew Didenko
- Shawn Dimantha
- Peter Dimitrov
- Richard Dinerman
- Florian Disson
- Nolan Dubeau
- Denise Duffy
- Scott Dunlap
- Arkadiusz Dymalski
- Lars Eickmeier
- André Eilertsen
- Eyal Eldar
- Dagur Eyjolfsson
- Kingsley Ezejiaku
- Fred Farnam
- Pierre-Emile Faroult
- Jack Farrell
- Lloyd Fassett
- Mijael Feldman
- Yoel Feldman
- Francesco Ferrazzino
- Tony Fish
- David Flemate
- Keith Fleming
- Joel Frisch
- Timo Fritsche
- Kaoru Fujita
- Benjamin Gadbaw
- Uli Gal-Oz
- Hari Ganapathy
- Amir Ganjeii
- Magne Matre Gåsland
- Meghbartma Gautam
- Melissa Gena
- Sigal Geshury
- Sajad Ghanizada
- Drew Gierach
- Endri Gjinushi
- Anshu Goel
- Ming Gong
- Pedro L. González
- Jason Grace
- Charlie Gragam
- David Gratton
- Ravishankar Gundlapalli
- Abhishek Gupta
- Michael Haberman
- Steph Habif
- Rob Hall
- Hadas Hamerovv

APPENDIX

Albert Hartman
Ebrahim-Khalil Hassen
Eva Hasson
Chris Hawley
Mark Hayes
Elisa Heiken
Alfan Hendro
Benjamin Hoffman
Ryan Holdeman
Jason Holderness
Bob Holling
Joakim Holmquist
Kyle Homstead
Rahul Horé
Jonathan Hoss
Patrick Huitema
Matt Hurley
Nigel Ingham
Christos Iosifidis
Jan Isakovic
Yair Itzhaik
Ranjan Jagannathan
Javid Jamae
Kyle Jaster
Anandan Jayaraman
Eoghan Jennings
Amit Joshipura
Jonathan Kalinowski
Michael Kampff
Dave Kashen
Joshua Keay
Chandra Keith
Jason Kende
Gary Kind
Jason King
Ed King
Marcia Kinstler
Thomas Kjemperud
Michael Klazema
Tobias Kluge
Russ Klusas
Kathleen Knopoff
Felix Köbler
Vadim Komisarchik
R George Komoto
Jonathan Korn
Ravi Kotichintala
Mohammed Kromah
Charlie Kubal
Vineesh Kumar
Chris Kurdziel
Tim Kutnick

Brooks Lambert
Brian Lance
Betsy Lane
Norman Law
Vinney Le
Sebastien Le Tuan
Cody Lee
Rudi Leismann
Stephanie Lenorovitz
Andrew Levy
Anson Liang
Marvin Liao
Roland Ligtenberg
Eyal Livne
Tobias Loerracher
Jenn Lonzer
Jeff Lougheed
Jennifer Lu
Paul Lucas
Waynn Lue
Ricardo Luevanos Jr
Ivan Lukianchuk
Pavan Lulla
Morten Lundsby
Darren Luvaas
Amanda MacArthur
Murray Macdonald
Churchill Madyavanhu
Jay Chuck Mailen
Solene Maitre
Wes Maldonado
Stanislav Maleshkov
Craig Mankelow
Armando Mann
Alexander Manolov
Jerad Maplethorpe
Angelos Marantos
Ivan Markovic
Leon Markovitz
Alon Matas
Chris Mathew
Jonathan Matus
Sunil Maulik
Gavin McDermott
Michael McGee
Jon McGee
Gilberto Medrano
Alfons Mencke
Aadesh Midtry
Christopher Miles
Greg Miliatis
Sophie-Charlotte Moatti

- Lindsey Moav
- Joe Mocquant
- Pranoy Modi
- Peter Monien
- Aaron Moore
- Thomas Morselt
- Kareem Mostafa
- Jodie Moule
- Olivia Muesse
- Tim Mukata
- Noel Mulkeen
- Lee Munroe
- Neil Murray
- Nikhil Nadkarni
- Szabolcs Nagy
- Nitya Narasimhan
- Amaan Nathoo
- Basanth Kumar Neeli
- Errol Nezar
- Vas Nikolaev
- Dawn Novarina
- Thomas O'Duffy
- Neal O'Gorman
- Sean O'Leary
- Seyi Ogunyemi
- Oli Olsen
- Steve Omohundro
- Kevin Ondyak
- Alfredo Osorio
- Ambika Pajjuri
- Peter Pallotta
- Hesam Panahi
- Felipe Escanilla Panza
- Petar Papikj
- Juan Paredes
- Lance Parker
- Devang Patel
- Nipul Patel
- Randy Paynter
- Allan Pedersen
- Paolo Perazzo
- Gary Percy
- Igal Perelman
- Daniele Peron
- Nicholas Peterson
- Jean-Baptiste Pin
- Stephan Plesnik
- Justin Pollard
- Vera Polyakova
- Eike Post
- Dr. Eike Berend Post
- Gilles Poupardin
- Chris Pousset
- Gee Powell
- Mikhail Pozin
- Julie Price
- Amala Putrevu
- Maniappan R
- Christian Raaby
- Moshik Raccah
- Cyrus Radfar
- Sanjay Radhakrishnan
- Brett Radlicki
- Claudine Felice Ramirez
- Umesh Rangappa
- Ritesh Ranjan
- Tore Rasmussen
- Zoheb Raza
- Christi Reid
- Ophir Reshef
- Kamil Rextin
- Justin Reyes
- Steve Rigell
- Edson Rigonatti
- Billy Robins
- Lior Romano
- Johann Romefort
- Shai Rosen
- Megan Rounds
- Mark Rowland
- Steve Rowling
- Leon Rubinstein
- Emily Ryan
- Ari Salomon
- Oren Samari
- Julius Sapoka
- Steven Saunders
- Sid Savara
- Adele Savarese
- Amol Saxena
- Matt Schaar
- Rick Schaefer
- Charles Schaefer
- Miranda Schenkel
- Nati Mark Schlesinger
- Willemijn Schmitz
- Johannes Schneider
- Jason Schwartz
- Joel Scott
- Adrian Scott
- Mark Sefaradi
- Cameron Sepah
- Sharad Seth
- Rajesh Setty

APPENDIX

Francisco Sevillano
Bhavin Shah
Sarah Shaiq
Aviv Shalgi
Yaron Shapira
Neeraj Sharma
Priya Sheth
Kevin Shin
Timothy Shipman
John Shoffner
Barak Shragai
Michael Siepmann
Diogo Silva
Michael Simpson
Raj Singh
Navarjun Singh
Rachna Singh
Indra Singhal
Chris Sluz
Dana Smith
Nick Soman
Matthew Sonier
Adam Sowers
Jonathan Squires
Karthik Srinivasan
John Starmer
Slobodan Stipic
Aleksandar Stojanovic
Dave Stone
Nisha Sudarsanam
Lydia Sugarman
Mike Summerfield
Andreas Sutharia
Brent Taggart
Itai Talmi
Dixit Talwar
Michael Tame
Norman Tan
Eva Tang
Ali Rushdan Tariq
John Thompson
Bob Thordarson
Brenton Thornicroft
Barbara Tien
Amir Toister
Jacqueline Tomko
Andrea Torino Rodriguez
Raul Troyo
Steph Tryphonas
Rattapoom Tuchinda
Oji Udezue
Cristobal Undurraga

Adriana Ursache
Haruna Usman
Branislav Vajagić
Paul Valcheff
Joeri Vankeirsbilck
Tim Varner
Ashwanth Vemulapalli
René Vendrig
Francisco Vieyra
Alberto Villa
Guy Vincent
Khuong Vo Thanh
Marcus Vorwaller
Todd Wahnish
Akane Wakasugi
Karl Waldman
AnneMarie Ward
Mark Warren
Alan Weinkrant
Jay Weintraub
Stephen Wendel
Erik Wesslen
Albert Wieringa
Denis Wilson
Rick Winfield
Melinda Wiria
Reggie Wirjadi
Vanita Wolf
Nathanael Wolfe
Lyon Wong
Margo Wright
Renee Yarbrough
Dean Young
Beverley Zabow
Danny Zagorski
Danny Zagorski
Hasnain Zaheer
Cindy Ris Zanca
Xin Zhou
Julie Zilber
Tal Zilberman
Keivan Zolfaghari
Zoran Zuber

NOTES AND SOURCES
注釈

INTRODUCTION
イントロダクション

1「Facebook はいつでもつながっている」"IDC-Facebook Always Connected.pdf - File Shared from Box." Accessed December 19, 2013. https://fb-public.app.box.com/s/3iq5x6uwnqtq7ki4q8wk.

2「アメリカ人の3分の1は携帯電話を失うぐらいならセックスを諦める」"Survey Finds One-Third of Americans More Willing to Give Up Sex Than Their Mobile Phones." Accessed December 19, 2013. http://www.telenav.com/about/pr-summer-travel/report-20110803.html.

3「習慣はスマートフォンをより利用させる」Oulasvirta, Antti, Tye Rattenbury, Lingyi Ma, and Eeva Raita. "Habits Make Smartphone Use More Pervasive." Personal Ubiquitous Comput. 16, no. 1 (January 2012): 105–114. doi:10.1007/s00779-011-0412-2.

4「平均的なユーザーは携帯電話を1日150回もチェックしている！」Belic, Dusan, IntoMobile Thursday, February 9th, and 2012 at 12:50 AM. "Tomi Ahonen: Average Users Looks at Their Phone 150 Times a Day!" IntoMobile. Accessed December 19, 2013. http://www.intomobile.com/2012/02/09/tomiahonen-average-users-looks-their-phone-150-times-day/.

5 書籍『オックスフォード 人間行動のハンドブック』Morsella E, Bargh JA, Gollwitzer PM (eds) (2008) Oxford handbook of human action. Oxford University Press, Oxford.

6 本書のために、以下の書籍を参考にしている。For purposes of this book, I use the definition of habit formation as the process of learning new behaviors through repetition until they become automatic. I am grateful to Dr. Stephen Wendel for pointing out the spectrum of habits. For a framework describing other automatic behaviors see: Bargh, John A. "The Four Horsemen of Automaticity: Awareness, Intention, Efficiency, and Control in Social Cognition." In Handbook of Social Cognition, Vol. 1: Basic Processes; Vol. 2: Applications (2nd Ed.), edited by R. S. Wyer and T. K. Srull, 1–40. Hillsdale, NJ, England: Lawrence Erlbaum Associates, Inc, 1994.

7「消費者の習慣作成と崩壊に関する介入について」Verplanken, Bas, and Wendy Wood. "Interventions to Break and Create Consumer Habits." Journal of Public Policy & Marketing 25, no. 1 (March 2006): 90–103. doi:10.1509/jppm.25.1.90.

8「最新型の習慣と、習慣化を目的としたインターフェース」Wood W, Neal DT (2007) A new look at habits and the habit-goal interface. Psychol Rev 114(4):843–863viii.

9「ピンタレスト」"Pinterest." Wikipedia, the Free Encyclopedia, December 21, 2013. http://en.wikipedia.org/w/index.php?title=Pinterest&oldid=587088493.

10「何が行動の変化を引き起こすのか？」"What Causes Behavior Change?." BJ Fogg's Behavior Model. Accessed November 12, 2013. http://www.behaviormodel.org/.

11「人間はいわゆる霊長類なのか？」Robert Sapolsky: Are Humans Just Another Primate? Accessed December 19, 2013. http://fora.tv/2011/02/15/Robert_Sapolsky_Are_Humans_Just_Another_Primate.

12「病的な賭博と意志力の損失：神経認知の視点から」Brevers, Damien, and Xavier Noël. "Pathological Gambling and the Loss of Willpower: A Neurocognitive Perspective." Socioaffective Neuroscience & Psychology 3, no. 0 (September 26, 2013). doi:10.3402/snp.

v3i0.21592.

13「中毒の加速」"The Acceleration of Addictiveness," Paul Graham. Accessed November 12, 2013. http://www.paulgraham.com/addiction.html.

14「ナイト・オブ・ザ・リビング・デッド」"Night of the Living Dead." Wikipedia, the Free Encyclopedia, December 18, 2013. http://en.wikipedia.org/w/index.php?title=Night_of_the_Living_Dead&oldid=586570022.

15「選択するための構造」Thaler, Richard H., Cass R. Sunstein, and John P. Balz. Choice Architecture. SSRN Scholarly Paper. Rochester, NY: Social Science Research Network, April 2, 2010. http://papers.ssrn.com/abstract=1583509.

16 フック・モデルはその頭文字から「ATARI」と覚えられる。For a memorable acronym of the Hook Model, think "ATARI", as in the 1980s video gaming console. "A hook has four parts: Trigger, Action, Reward, and Investment.

［CHAPTER1］THE HABIT ZONE
ハビット・ゾーン（習慣化された領域）

17「日常生活における習慣：思考と感情、そして行動」Wood, Wendy, Jeffrey M Quinn, and Deborah A Kashy. "Habits in Everyday Life: Thought, Emotion, and Action." Journal of Personality and Social Psychology 83, no. 6 (December 2002): 1281–1297.

18「習慣形成における大脳基底核の役割」Yin, Henry H., and Barbara J. Knowlton. "The Role of the Basal Ganglia in Habit Formation." Nature Reviews Neuroscience 7, no. 6 (June 2006): 464–476. doi:10.1038/nrn1919.

19「意欲を高めるシステムの運用における学習の役割」Dickinson, A. & Balleine, B. (2002) The role of learning in the operation of motivational systems. In Gallistel, C.R. (ed.), Stevens' Handbook of Experimental Psychology: Learning, Motivation, and Emotion. Wiley and Sons, New York, pp. 497–534.

20 バークシャー・ハサウェイ2005年年次総会報告書より。"Notes from 2005 Berkshire Hathaway Annual Meeting" Tilson Funds. Accessed November 12, 2013. http://www.tilsonfunds.com/brkmtg05notes.pdf

21「チャーリー・マンガーの発言：200万ドルを2兆ドルにする」"Mungerisms: Charlie Munger: Turning $2 Million Into $2 Trillion." Mungerisms. Accessed November 12, 2013. http://mungerisms.blogspot.com/2010/04/charlie-munger-turning-2-million-into-2.html.

22「Candy Crash：過剰人気がKingのIPOを殺すのか？」"Candy Crush: So Popular It's Killing King's IPO?" Yahoo Finance. Accessed December 16, 2013. http://finance.yahoo.com/blogs/the-exchange/candy-crushso-popular-it-s-smashing-interest-in-an-ipo-160523940.html.

23「Evernote：使えば使うほど、課金したくなる」"Evernote: 'The Longer You Use It, the More Likely You Are to Pay'." CNET. Accessed November 12, 2013. http://news.cnet.com/8301-30685_3-57339139-264/evernote-the-longer-you-use-it-the-more-likely-you-are-to-pay/.

24「あたらしい思考」Freedman, David H. "Say Hello to Your New Brain." Inc.com. Accessed November 14, 2013. http://www.inc.com/magazine/201112/evernote-2011- company-of-the-year.html.

25「バイラル・マーケティングで得た教訓」Skok, David. "Lessons Learned – Viral Marketing." For Entrepreneurs. Accessed November 12, 2013. http://www.forentrepreneurs.com/lessons-learntviral-marketing/.

26「熱心な売り手と石のような買い手：新製品採用の心理を理解する」Gourville, John T. "Eager

Sellers and Stony Buyers: Understanding the Psychology of New-Product Adoption." Accessed November 12, 2013. http://hbr.org/product/eager-sellers-and-stony-buyers-understanding-thep/an/R0606F-PDF-ENG.

27「QWERTY キーボードは意図的にタイピストがゆっくりタイプするよう設計されている」Adams, Cecil. "Was the QWERTY Keyboard Purposely Designed to Slow Typists?," October 30, 1981. http://www.straightdope.com/columns/read/221/was-the-qwerty-keyboardpurposely-designed-to-slow-typists

28「コンテキストと行動プロセスにおける消滅」Bouton, Mark E. "Context and Behavioral Processes in Extinction." Learning & Memory 11, no. 5 (September 1, 2004): 485–494. doi:10.1101/lm.78804.

29「ユビキタス再発曲線の定量的評価」Kirshenbaum, Ari P., Darlene M. Olsen, and Warren K. Bickel. "A Quantitative Review of the Ubiquitous Relapse Curve." Journal of Substance Abuse Treatment 36, no. 1 (January 2009): 8–17. doi:10.1016/j.jsat.2008.04.001.

30「減量を長期維持することの現状」Jeffery, Robert W., Leonard H. Epstein, G. Terence, Adam Drewnowski, Albert J. Stunkard, and Rena R. Wing. "Long-term Maintenance of Weight Loss: Current Status." Health Psychology 19, no. 1, Suppl (2000): 5–16. doi:10.1037/0278-6133.19. Suppl1.5.

31 書籍『習慣の力 The Power of Habit』(チャールズ・デュヒッグ 著、渡会圭子 翻訳、講談社 2013 年)
Duhigg, Charles. The Power of Habit: Why We Do What We Do in Life and Business. New York: Random House, 2012. p 20.

32「糸式ようじの習慣」Judah, G., B. Gardner, and R. Aunger. "Forming a Flossing Habit: An Exploratory Study of the Psychological Determinants of Habit Formation." British Journal of Health Psychology 18 (2013): 338–353.

33 "Bing Your Brain: Test, Then Test Again." Accessed December 16, 2013. http://www.bing.com/blogs/site_blogs/b/search/archive/2013/02/06/bingyour-brain-test-then-test-again.aspx

34 検索エンジンランキングより(米国 ComScore 発表、2013 年 9 月)。"comScore Releases September 2013 U.S. Search Engine Rankings." comScore, Inc. Accessed November 12, 2013. http://www.comscore.com/Insights/Press_Releases/2013/10/comScore_Releases_September_2013_US_Search_Engine_Rankings.

35 Amazon の商品広告について。"Amazon Product Ads" Amazon. Accessed November 12, 2013. http://services.amazon.com/content/product-ads-onamazon.htm/ref=as_left_pads_apa1#!how-it-works

36「情報の可用性と消費者嗜好:オンライン小売業者の利点から……」Trifts, Valerie, and Gerald Häubl. "Information Availability and Consumer Preference: Can Online Retailers Benefit from . . ." In Journal of Consumer Psychology, 149–159, 2003.

37「Amazon の"ショールーミング"リスクが高い小売業」"More Retailers at Risk of Amazon 'Showrooming'." Bits Blog. Accessed December 16, 2013. http://bits.blogs.nytimes.com/2013/02/27/more-retailers-atrisk-of-amazon-showrooming/.

38 書籍『ジェフ・ベゾス 果てなき野望』(ブラッド・ストーン 著、井口耕二 翻訳、日経 BP 社、2014 年) Stone, Brad. The Everything Store: Jeff Bezos and the Age of Amazon. Little, Brown and Company, 2013.

39「どのように習慣は形成されるか:現実世界における習慣形成のモデル」Lally, Phillippa, Cornelia H. M. van Jaarsveld, Henry W. W. Potts, and Jane Wardle. "How Are Habits Formed: Modelling Habit Formation in the Real World." European Journal of Social Psychology 40, no. 6

APPENDIX

(2010): 998–1009. doi:10.1002/ejsp.674.
40 「ビタミンにベネフィットはあるのか」Offit, Paul A. "Don't Take Your Vitamins." The New York Times, June 8, 2013, sec. Opinion / Sunday Review. http://www.nytimes.com/2013/06/09/opinion/sunday/dont-take-yourvitamins.html.

[CHAPTER2] TRIGGER
トリガー（きっかけ）

41 Accessed November 12, 2013. http://instagram.com/press/
42 「Instagramの企業者たちが作ったベイエリア・コネクション」Perlroth, Somini Sengupta, Nicole, and Jenna Wortham. "Instagram Founders Were Helped by Bay Area Connections." The New York Times, April 13, 2012, sec. Technology. http://www.nytimes.com/2012/04/14/technology/instagramfounders-were-helped-by-bay-area-connections.html.
43 「TwitterはFacebookの前にInstagramを買収しようとした」"Twitter 'Tried to Buy Instagram before Facebook'." Telegraph.co.uk, April 16, 2012, sec. twitter. http://www.telegraph.co.uk/technology/twitter/9206312/Twitter-tried-to-buy-Instagram-before-Facebook.html.
44 書籍『新装版 なぜ選ぶたびに後悔するのか』（バリー・シュワルツ 著、瑞穂のりこ 翻訳、武田ランダムハウスジャパン、2012年）
Schwartz, Barry. The Paradox of Choice. New York: ECCO, 2004.
45 ブレイクマスターズのブログから。Masters, Blake. "Blakemasters.com." Peter Thiel's CS183: Startup - Class 2 Notes Essay, April 6, 2012. http://blakemasters.com/post/20582845717/peterthiels-cs183-startup-class-2-notes-essay.
46 「大学生の抑うつ行動とインターネット利用の関連付け」Iapudi, R., S. Chellappan, F. Montgomery, D. Wunsch, and K. Lutzen. "Associating Internet Usage with Depressive Behavior Among College Students." IEEE Technology and Society Magazine 31, no. 4 (2012): 73–80. doi:10.1109/MTS.2012.2225462.
47 「インターネットがもたらす抑うつ症状」Chellappan, Sriram, and Raghavendra Kotikalapudi. "How Depressed People Use the Internet." The New York Times, June 15, 2012, sec. Opinion / Sunday Review. http://www.nytimes.com/2012/06/17/opinion/sunday/how-depressedpeople-use-the-internet.html.
48 「Twitterの創業者が明らかにするオンラインでリッチになる秘訣」"Twitter Founder Reveals Secret Formula for Getting Rich Online | Wired Business | Wired.com." Wired Business. Accessed November 12, 2013. http://www.wired.com/business/2013/09/ev-williams-xoxo/.
49 「スタートアップの"失敗"文化がイノベーションを殺す」"How the 'Failure' Culture of Startups Is Killing Innovation | Wired Opinion | Wired.com." Wired Opinion. Accessed November 12, 2013. http://www.wired.com/opinion/2013/09/why-do-research-when-you-canfailfast-pivot-and-act-out-other-popular-startup-cliches/.
50 「ユーザー・ナラティブの力」"The Power of User Narratives: Jack Dorsey (Square)." Video. Entrepreneurial Thought Leaders Lecture. Stanford University, 2011. http://ecorner.stanford.edu/authorMaterialInfo.html?mid=2644.
51 「顧客開発とは何か？」"What is Customer Development." Startup Lessons Learned by Eric Reis. Accessed November 12, 2013.
http://www.startuplessonslearned.com/2008/11/what-is-customerdevelopment.html
52 「共感マップ」"Empathy Map." The k12 Lab Wiki. Accessed November 12, 2013. https://

dschool.stanford.edu/groups/k12/wiki/3d994/Empathy_Map.html
53「なぜなぜ 5 回」"5 Whys." Wikipedia, the Free Encyclopedia, November 12, 2013.
http://en.wikipedia.org/w/index.php?title=5_Whys&oldid=581315459.
54 所属の欲求（social belonging）に関しては以下の資料を参照のこと。
For more on the need for social belonging, see: Fiske, Susan T. Social Beings: a Core Motives Approach to Social Psychology. Hoboken, NJ: J. Wiley, 2010.

[CHAPTER3] ACTION
アクション（行動）

55「フォッグ式行動モデル」"What Causes Behavior Change?." BJ Fogg's Behavior Model. Accessed November 12, 2013. http://www.behaviormodel.org/
56「自己決定理論：人間の動機、開発、健康のマクロ理論」Deci, Edward L., and Richard M. Ryan. "Self-determination Theory: A Macrotheory of Human Motivation, Development, and Health." Canadian Psychology/Psychologie Canadienne 49, no. 3 (2008): 182–185. doi:10.1037/a0012801.
57「バラク・オバマの HOPE ポスター」Barack Obama 'Hope' Poster." Wikipedia, the Free Encyclopedia, November 5, 2013. http://en.wikipedia.org/w/index.php?title=Barack_Obama_%22Hope%22_poster&oldid=579742540.
58 書籍『まったく新しいもの』Hauptly, Denis J. Something Really New: Three Simple Steps to Creating Truly Innovative Products. New York, NY u.a.: AMACOM, 2007.
59「Twitter の創業者が明らかにするオンラインでリッチになる秘訣」"Twitter Founder Reveals Secret Formula for Getting Rich Online | Wired Business | Wired.com." Wired Business. Accessed November 12, 2013. http://www.wired.com/business/2013/09/ev-williams-xoxo/.
60「アナリストは語る：Twitter のユーザーが 5 億人を突破」Lunden, Ingrid. "Analyst: Twitter Passed 500M Users In June 2012, 140M Of Them In US; Jakarta 'Biggest Tweeting' City." TechCrunch. Accessed November 12, 2013. http://techcrunch.com/2012/07/30/analyst-twitter-passed-500m-usersin-june-2012-140m-of-them-in-us-jakarta-biggest-tweeting-city/.
61「フォッグ式行動モデル：簡素化の 6 つの要素」"What Causes Behavior Change?." BJ Fogg's Behavior Model. Accessed November 12, 2013. http://www.behaviormodel.org/
62「全ツイートの 25％にコンテンツへのリンクが含まれている」Rao, Leena. "Twitter Seeing 90 Million Tweets Per Day, 25 Percent Contain Links." TechCrunch. Accessed November 12, 2013. http://techcrunch.com/2010/09/14/twitter-seeing-90-million-tweets-per-day/.
63「希少価値は価値観に影響を与える」Worchel, Stephen, Jerry Lee, and Akanbi Adewole. "Effects of Supply and Demand on Ratings of Object Value." Journal of Personality and Social Psychology 32, no. 5 (1975): 906–914. doi:10.1037/0022-3514.32.5.906.
64「ジョシュア・ベルの地下鉄無料演奏会」Weingarten, Gene. "Pearls Before Breakfast." The Washington Post, April 8, 2007. http://www.washingtonpost.com/wpdyn/content/article/2007/04/04/AR2007040401721.html.
65「フレーミング効果の経験則は脳の知覚を変える」Plassmann, Hilke, John O'Doherty, Baba Shiv, and Antonio Rangel. "Marketing Actions Can Modulate Neural Representations of Experienced Pleasantness." Proceedings of the National Academy of Sciences 105, no. 3 (January 22, 2008): 1050–1054. doi:10.1073/pnas.0706929105.
66「エンダウド・プログレス効果」Nunes, Joseph, and Xavier Dreze. The Endowed Progress Effect: How Artificial Advancement Increases Effort. SSRN Scholarly Paper. Rochester, NY:

Social Science Research Network. Accessed November 12, 2013. http://papers.ssrn.com/abstract=991962.

67「認知バイアスのリスト」"List of Cognitive Biases." Wikipedia, the Free Encyclopedia, November 12, 2013. http://en.wikipedia.org/w/index.php?title=List_of_cognitive_biases&oldid=581363450.

68 Anderson, Stephen P. Seductive Interaction Design: Creating Playful, Fun, and Effective User Experiences. Berkeley, CA: New Riders, 2011.

[CHAPTER4] VARIABLE REWARD
リワード（予測不能な報酬）

69「マウスの脳を使った側坐核に関する実験 」Olds, J., & Milner, P. (1954). Positive reinforcement produced by electrical stimulation of the septal area and other regions of rat brain. Journal of Comparative and Physiological Psychology, 47, 419–427.

70「報酬と脳の側坐核の活性化の関連」Knutson, Brian, G Elliott Wimmer, Camelia M Kuhnen, and Piotr Winkielman. "Nucleus Accumbens Activation Mediates the Influence of Reward Cues on Financial Risk Taking." Neuroreport 19, no. 5 (March 26, 2008): 509–513. doi:10.1097/WNR.0b013e3282f85c01.

71「人間の不安について」Ramachandran, V. S. A Brief Tour of Human Consciousness: From Impostor Poodles to Purple Numbers. New York: Pi Press, 2004.

72「人間は想定パターンを逸脱した出来事を意識する」Pessiglione, Mathias, Ben Seymour, Guillaume Flandin, Raymond J. Dolan, and Chris D. Frith. "Dopamine-dependent Prediction Errors Underpin Rewardseeking Behaviour in Humans." Nature 442, no. 7106 (August 31, 2006): 1042–1045. doi:10.1038/nature05051.

73「可変性が動物に及ぼす影響」Ferster, Charles B, and Skinner. Schedules of Reinforcement. New York: Appleton-Century-Crofts, 1957.

74「見返りへの期待が側坐核のドーパミンレベルを上げる」Berns GS, McClure SM, Pagnoni G, Montague PR.. "Predictability modulates human brain response to reward" Journal of Neuroscience. 2001 Apr 15;21(8):2793-8.

75「金銭的な見返りは側坐核のドーパミンレベルを上げる」Aharon, L., Etcoff, N., Ariely, D., CHabris, C. F., et al. Beautiful faces have variable reward value: fMRI and behavioral evidence. Neuron 2001, 32, 357-551.

76「社会的学習理論」A. Bandura, Social Foundations of Thought and Action: A Social Cognitive Theory. Englewood Cliffs, NJ: Prentice Hall, 1986.

77「セルフコントロールによる自己効力」
A. Bandura, Self-Efficacy: The Exercise of Self-Control. New York: W.H. Freeman, 1997.

78「League of Legendsの悪評」"Why Humanizing Players And Developers Is Crucial For League of Legends." Accessed November 12, 2013.
http://www.gamasutra.com/view/news/36847/Why_Humanizing_Players_And_Developers_Is_Crucial_For_League_of_Legends.php.

79「League of Legends についての批評」"League of Legends: Changing Bad Player Behavior with Neuroscience." Accessed November 12, 2013. http://www.gamasutra.com/view/news/178650/League_of_Legends_Changing_bad_player_behavior_with_neuroscience.php#.URj5SVpdccs.

80「人類が動物性たんぱく質を摂取するようになった理由」Milton, Katharine. "A

Hypothesis to Explain the Role of Meat-eating in Human Evolution." Evolutionary Anthropology: Issues, News, and Reviews 8, no.1 (1999): 11–21. doi:10.1002/(SICI)1520-6505(1999)8:1<11::AIDEVAN6> 3.0.CO;2-M.

81「古代人類の槍は想像よりもとがっている」Jha, Alok, and science correspondent. "Stone Me! Spears Show Early Human Species Was Sharper Than We Thought." The Guardian, November 15, 2012, sec. Science. http://www.theguardian.com/science/2012/nov/15/stone-spear-earlyhuman-species.

82「食肉の歴史は200万年前から」McKie, Robin, and science editor. "Humans Hunted for Meat 2 Million Years Ago." The Guardian, September 22, 2012, sec. Science. http://www.theguardian.com/science/2012/sep/23/human-hunting-evolution-2million-years?INTCMP=ILCNETTXT3487.

83 動画「裸足のプロフェッサー」The Barefoot Professor: By Nature Video, 2010. http://www.youtube.com/watch?v=7jrnj-7YKZE&feature=youtube_gdata_player.

84「若者のためのスロットマシン」Rivlin, Gary. "Slot Machines for the Young and Active." The New York Times, December 10, 2007, sec. Business. http://www.nytimes.com/2007/12/10/business/10slots.html.

85「Pinterestの大規模な資金調達」"Pinterest Does Another Massive Funding — $225 Million at $3.8 Billion Valuation (Confirmed)." AllThingsD. Accessed November 12, 2013. http://allthingsd.com/20131023/pinterest-does-another-massive-funding-225-million-at-3-8-billion-valuation/.

86 Zeigarnik, B. (1927). Uber das Behalten yon erledigten und underledigten Handlungen. Psychologische Forschung, 9, 1-85.

87「自己決定理論：人間の動機、開発、健康のマクロ理論」Deci, Edward L., and Richard M. Ryan. "Self-determination Theory: A Macrotheory of Human Motivation, Development, and Health." Canadian Psychology/Psychologie Canadienne 49, no. 3 (2008): 182–185. doi:10.1037/a0012801.

88「DoropboxによるMailboxの買収額は1億ドル」Tsotsis, Alexia, and Leena Rao. "Mailbox Cost Dropbox Around $100 Million." TechCrunch. Accessed November 29, 2013. http://techcrunch.com/2013/03/15/mailbox-cost-dropbox-around-100-million/.

89「mahalo.comの顧客プロフィール」"Quantcast Audience Profile for mahalo.com". Quantcast.com. Accessed June 19, 2010 (according to Jason Calacanis. Wikipedia, the Free Encyclopedia, October 31, 2013. http://en.wikipedia.org/w/index.php?title=Jason_Calacanis&oldid=579577057). https://www.quantcast.com/mahalo.com

90「Quoraのユーザープライバシー侵害」Cluley, Graham. "Creepy Quora Erodes Users' Privacy, Reveals What You Have Read." Naked Security. Accessed December 1, 2013. http://nakedsecurity.sophos.com/2012/08/09/creepy-quora-erodes-users-privacyreveals-what-you-have-read/.

91「Viewsの削除について」"Removing Feed Stories About Views." Quora. Accessed November 12, 2013. http://www.quora.com/permalink/gG922bywy.

92「『それはあなたの自由です』の効果分析」Carpenter, Christopher J. "A Meta-Analysis of the Effectiveness of the 'But You Are Free' Compliance-Gaining Technique." Communication Studies 64, no. 1 (2013): 6–17. doi:10.1080/10510974.2012.727941.

93「ゲーミフィケーションでは社会的側面が重要な役割を占める」Hamari, Juho. "Social Aspects Play an Important Role in Gamification." Gamification Research Network. Accessed November 13, 2013. http://gamification-research.org/2013/07/social-aspects/.

94「ブレイキング・バッドが得た前例のない賞賛」Adalian, Josef. "Breaking Bad Returns to Its Biggest Ratings Ever." Vulture. Accessed November 13, 2013. http://www.vulture.com/2013/08/breaking-badreturns-to-its-biggest-ratings-ever.html.

95「ブレイキング・バッドがギネス世界記録を更新」"Breaking Bad Cooks up Record-breaking Formula for GUINNESS WORLD RECORDS 2014 Edition." Accessed November 13, 2013. http://www.guinnessworldrecords.com/news/2013/9/breaking-bad-cooks-uprecord-breaking-formula-for-guinness-world-records-2014-edition-51000/.

96「信念や行動は経験の獲得によって変わる」Kaufman, Geoff F, and Lisa K Libby. "Changing Beliefs and Behavior through Experience-taking." Journal of Personality and Social Psychology 103, no. 1 (July 2012): 1–19. doi:10.1037/a0027525.

97「CitiyVille が FarmVille の記録を塗り替え」"CityVille Tops FarmVille's Highest Peak Of Monthly Users." SocialTimes. Accessed November 13, 2013. http://socialtimes.com/cityville-tops-farmvilleshighest-peak-of-monthly-users_b33272.

98 Zynga の 2011 年年次総会報告書より。Zynga, Inc. 2011 Annual Report. San Francisco, CA. Filed February 28, 2012 http://investor.zynga.com/secfiling.cfm?filingID=1193125-12-85761&CIK=1439404

99「Warcraft のアクティブユーザーは 1000 万人」Karmali, Luke. "Mists of Pandaria Pushes Warcraft Subs Over 10 Million." IGN, October 4, 2012. http://www.ign.com/articles/2012/10/04/mists-ofpandaria-pushes-warcraft-subs-over-10-million.

［CHAPTER5］INVESTMENT
インベストメント（投資）

100「台湾の 10 代が 40 時間連続ゲームプレイ後に死亡」"Taiwan Teen Dies after Gaming for 40 Hours." The Australian. Accessed November 13, 2013. http://www.theaustralian.com.au/news/latest-news/taiwanteen-dies-after-gaming-for-40-hours/story-fn3dxix6-1226428437223.

101「資金調達 35 の方法」Lord, James Gregory. The Raising of Money: 35 Essentials Trustees Are Using to Make a Difference. Seattle, Wash.: New Futures Press, 2010.

102 書籍『影響力の正体』（ロバート・B・チャルディーニ 著、Robert B. 岩田佳代子 訳、SB クリエイティブ、2013 年）Cialdini, Robert B. Influence: The Psychology of Persuasion. New York: HarperCollins, 2007.

103「イケア効果について」Norton, Michael I., Daniel Mochon, and Dan Ariely. The "IKEA Effect": When Labor Leads to Love. SSRN Scholarly Paper. Rochester, NY: Social Science Research Network, March 4, 2011. http://papers.ssrn.com/abstract=1777100.

104「圧力を必要としないコンプライアンス」Freedman, J. L., & Fraser, S. C., Compliance Without Pressure: The foot-in-the door technique, JPSP, 1966, 4, 196-202

105 動画「Mafia Wars における正当化のプロセス」Jesse Schell @ DICE2010 (Part 2), 2010. http://www.youtube.com/watch?v=pPfaSxU6jyY&feature=youtube_gdata_player.

106「コンピュータに対するお礼：行動の変化を示す実験」Fogg, BJ, & Nass, C. (1997) How users reciprocate to computers: an experiment that demonstrates behavior change. In Proceedings of CHI 1997, ACM Press, 331-332.

107「Twitter の技術を設立するために必要な技術は一日で構築できる」Libov, Jonathan. "On Bloomberg: 'You Could Code Twitter in a Day. Then You'd Just Need to Build the Network and Infrastructure.' Didn't Know It Was so Easy!" Microblog. @libovness, November 7, 2013. https://twitter.com/libovness/status/398451464907259904.

108「モバイルアプリの 26％はダウンロード後１度しか使われない」"Mobile App Analytics Show 26% of App Downloads Used One-time." Localytics. Accessed November 13, 2013. http://www.localytics.com/blog/2011/first-impressions-matter-26-percent-ofapps-downloaded-used-just-once

109「アプリはますます愛用されなくなっている」Mon, Peter Farago on, Oct 22, and 2012. "App Engagement: The Matrix Reloaded." Accessed November 13, 2013. http://blog.flurry.com/bid/90743/App-Engagement-The-Matrix-Reloaded.

110「Tinder は毎日 3.5 億回のスワイプを発生させている」Dating, Facebook Twitter LinkedIn Tinder's Sean Rad Hints At A. Future Beyond, and Says The App Sees 350M Swipes A. Day. "Tinder's Sean Rad Hints At A Future Beyond Dating, Says The App Sees 350M Swipes A Day." TechCrunch. Accessed November 13, 2013. http://techcrunch.com/2013/10/29/sean-rad-disrupt/.

111「Snapchat は 6000 万ドルの資金調達に成功」
"Snapchat: Self-destructing Messaging App Raises $60m in Funding." The Guardian, June 25, 2013. http://www.theguardian.com/technology/appsblog/2013/jun/25/snapchat-appself-destructing-messaging.

112「Pinterest は 38 億ドルの評価を受け 2 億 2500 万ドルを資金調達」"Pinterest Does Another Massive Funding — $225 Million at $3.8 Billion Valuation (Confirmed)." AllThingsD. Accessed November 13, 2013. http://allthingsd.com/20131023/pinterest-does-another-massive-funding-225-million-at-3-8-billion-valuation/.

[CHAPTER 6] WHAT ARE YOU GOING TO DO WITH THIS?
フック・モデルをどのように活かせばよいのか

113 行動におけるモラルの構築については以下の論文が詳しい。For further thoughts on the morality of designing behavior, see: Thaler, Richard H., Cass R. Sunstein, and John P. Balz. Choice Architecture. SSRN Scholarly Paper. Rochester, NY: Social Science Research Network, April 2, 2010. http://papers.ssrn.com/abstract=1583509.

114「携帯電話とセックスのどちらが勝つのか？」White, Charlie. "Survey: Cellphones Vs. Sex – Which Wins? [INFOGRAPHIC]." Mashable, August 3, 2011. http://mashable.com/2011/08/03/telenav-cellphone-infographic/.

115「今世紀のタバコ」Bogost, Ian. "The Cigarette of This Century." The Atlantic, June 6, 2012. http://www.theatlantic.com/technology/archive/2012/06/the-cigarette-of-thiscentury/258092/.

116「完成された自己」
Freedman, David H. "The Perfected Self." The Atlantic, June 2012. http://www.theatlantic.com/magazine/archive/2012/06/the-perfectedself/308970/.

117「中毒の加速」Graham, Paul. "The Acceleration of Addictiveness," July 2010. Accessed November 12, 2013 http://www.paulgraham.com/addiction.html.

118「ユーザーエクスペリエンス調査における倫理的な線引き」
"The Ethical Line in User Experience Research." mUmBRELLA. Accessed November 13, 2013. http://mumbrella.com.au/the-ethical-line-in-user-experienceresearch-163114.

119「説得力のあるデザインはどれほど欺瞞か？」"How Deceptive Is Your Persuasive Design?" Accessed November 13, 2013. https://uxmag.com/articles/how-deceptive-is-your-persuasive-design.

120「Nuru International の活動について」"GSB In Brief." Accessed December 1, 2013. http://

APPENDIX

www.gsb.stanford.edu/news/bmag/sbsm0911/ss-kenyan.html.
121「アメリカのスロットマシンにおける謎解きとそのインパクト」Stewart, David. Demystifying Slot Machines and Their Impact in the United States. American Gaming Association, May 26, 2010. http://www.americangaming.org/sites/default/files/uploads/docs/whitepapers/demystifying_slot_machines_and_their_impact.pdf.
122「過度の楽観主義からオプトアウトする方法」Shermer, Michael. "How We Opt Out of Overoptimism: Our Habit of Ignoring What Is Real Is a Double-Edged Sword: Scientific American." Accessed November 13, 2013. http://www.scientificamerican.com/article.cfm?id=optingout-of-overoptimism.
123「Cow Clicker：皮肉のつもりがビデオゲームのヒット作に」"The Curse of Cow Clicker: How a Cheeky Satire Became a Videogame Hit | Wired Magazine | Wired.com." Wired Magazine. Accessed November 13, 2013. http://www.wired.com/magazine/2011/12/ff_cowclicker/.
124「牛の黙示」"Cowpocalypse Now." Ian Bogost. Accessed November 13, 2013. http://www.bogost.com/blog/cowpocalypse_now.shtml

［CHAPTER7］CASE STUDY: THE BIBLE APP
ケース・スタディ：聖書アプリ（Bible App）

125「Bible App が100万ダウンロードを記録」"On Fifth Anniversary of Apple iTunes Store, YouVersion Bible App Reaches 100 Million Downloads: First-Ever Survey Shows How App Is Truly Changing Bible Engagement." PRWeb, July 8, 2013. http://www.prweb.com/releases/2013/7/prweb10905595.htm.
126「Snapchatが8億ドルの評価で8000万ドルの融資を調達」Tsotsis, Alexia. "Snapchat Snaps Up A $80M Series B Led By IVP At An $800M Valuation." TechCrunch. Accessed November 13, 2013.
http://techcrunch.com/2013/06/22/source-snapchat-snaps-up-80m-from-ivp-ata-800m-valuation/.
127 YourVersion のインフォグラフィック。"YouVersion Infographics." Accessed November 13, 2013. http://blog.youversion.com/wp-content/uploads/2013/07/themobilebible1.jpg.
128「謙虚さを装った自慢」Alford, Henry. "If I Do Humblebrag So Myself." The New York Times, November 30, 2012, sec. Fashion & Style. http://www.nytimes.com/2012/12/02/fashion/bah-humblebrag-the-unfortunaterise-of-false-humility.html.
129「自身に関する情報を公開することは本質的な見返りがある」
Tamir, Diana I., and Jason P. Mitchell. "Disclosing Information About the Self Is Intrinsically Rewarding." Proceedings of the National Academy of Sciences (May 7, 2012): 201202129. doi:10.1073/pnas.1202129109.

［CHAPTER 8］HABIT TESTING AND WHERE TO LOOK FOR HABIT-FORMING OPPORTUNITIES
習慣性のテストと習慣化をうながす機会を探る

130「"あ、そうか！"という瞬間を見付ける」Griffel, Mattan. "Discovering Your Aha! Moment." GrowHack, December 4, 2012. http://www.growhack.com/2012/12/04/discovering-your-aha-moment/.

235

131「退屈でイヤな仕事の無視」Graham, Paul. "Schlep Blindness," January 2012. http://paulgraham.com/schlep.html

132「Bufferのユーザーは1,123,000万人」Gascoigne, Joel. "Buffer October Update: $2,388,000 Annual Revenue Run Rate, 1,123,000 Users," November 7, 2013. http://open.bufferapp.com/bufferoctober-update-2388000-run-rate-1123000-users/.

133「ジョエル・ガスコイン〜 Bufferの物語」"I'm Joel Gascoigne, and This Is the Story Behind Buffer." Life Hacker. Accessed November 13, 2013. http://www.lifehacker.co.in/technology/Im-Joel-Gascoigne-and-This-Is-the-Story-Behind-Buffer/articleshow/24271474.cms.

134「コダックとレンズのノスタルジア」West, Nancy Martha, "Kodak and The Lens of Nostalgia" The University Press of Virginia. 2000. p.95

135「混乱に関する問題」Cosier, G., & Hughes, P. M. (2001). The Problem with Disruption. BT Technology, 19(4), 9.

136 Pickover, Clifford A. Time: A Traveler's Guide. Oxford University Press, USA, 1998.

137「インターネットだって？ フン！」Stoll, Clifford. "The Internet? Bah!" Newsweek, February 27, 1995. http://www.english.illinois.edu/-people-/faculty/debaron/582/582%20readings/stoll.pdf.

138「テクノロジーの波とハイパーネット」Maples, Jr, Mike. "Technology Waves and the Hypernet." Roger and Mike's Hypernet Blog. Accessed November 13, 2013. http://rogerandmike.com/post/14629058018/technology-waves-and-thehypernet.

139「スタートアップアイデアを手に入れる方法」"How to Get Startup Ideas," November 2012. http://paulgraham.com/startupideas.html.

ABOUT THE AUTHOR
著者紹介

●ニール・イヤール（Nir Eyal）

心理学とテクノロジー、経営学を中心に執筆、教授活動を行っているコンサルタント。2003年以降、2つのテクノロジー系企業を設立し、スタンフォード経営大学院とスタンフォード大学ハッソ・プラットナー・デザイン研究所（通称 d.school）で教鞭をとっており、カリフォルニアのベイエリアにある複数のスタートアップ企業において、ベンチャーキャピタリスト、インキュベーター顧問としても知られている。彼が最近設立した企業は Kleiner Perkins Caufield & Byers からベンチャー資金の提供を受け、2011年に買収された。また、NirAndFar.com へのブログ執筆のほか、オンラインメディアの TechCrunch、Psychology Today、ペーパーメディアの Forbes 誌、Harvard Business Review 誌や Atlantic 誌などに寄稿している。スタンフォード経営大学院とエモリー大学卒。原書の詳細については http://www.hookmodel.com/ を参照のこと。

●ライアン・フーバー（Ryan Hoover）

プロダクト・トレンドやグロース、行動デザインなどについての記事を Forbes や Fast Company、The Next Web、PandoDaily などに寄稿しているライター。彼は PlayHaven にてプロダクトディレクターを務め、モバイルゲーム開発者のためのビジネスの立ち上げを行った。また、新製品のリーダーボード（順位表）を提供する Product Hunt の共同制作者であり、スタートアップのための 12 週間プログラムである Tradecraft の講師も務めている。

NOW WHAT？
これから何をすればいいの？

本書を手に取っていただき、どうもありがとう。
本書を読み終えたら、Amazon や Goodreads のレビューで、ぜひあなたの感想を聞かせていただきたい（訳注：以下の URL は原書のもの）。

Amazon（http://www.amazon.com/dp/B00HJ4A43S/）

Goodreads（http://goo.gl/UBHeLY/）

また、私のブログ（NirAndFar.com）では、習慣化をうながすプロダクトについて、新たなエッセイなどを通してさらに学ぶことができる。

最後に、質問やコメント、フィードバックは以下のeメールにてお待ちしている。
nir@nirandfar.com

訳者紹介

●金山裕樹（かなやま・ゆうき）
1978年生まれ、静岡県浜松市出身。Yahoo!JAPANにてYahoo!FASHION、X BRANDなどのライフスタイルメディアの立ち上げと責任者を経て 2008年株式会社 VASILY設立。ファッションブランドのiPhoneアプリやウェブサイト制作を行う傍ら、2010年にファッションコーディネートサイトiQONをスタート。iQONは2012年Appleが選ぶ2012年ベストアプリに選出、ユーザーより投稿されたコーディネートは100万件を突破し現在もユーザーが増え続けている。ファッションと音楽を愛し、2000年フジロックのレッドマーキーステージに当時最年少で出演したが、これまでの出場バンドの中で最も売れなかったという悲しい過去がある。シンギュラリティー、トランスヒューマニズムを猛烈に支持。来るべき特異点に向けて肉体が老朽化しないように日々のメンテナンスに励んでいる。

●高橋雄介（たかはし・ゆうすけ）
1980年生まれ。2003年 慶應義塾大学 合政策学部卒業、2005年慶應義塾大学大学院政策・メディア研究科修士課程修了。2008年同大学院後期博士課程単位取得退学。博士（政策・メディア）。2005年より同大学院研究員として、知識ベースシステム、マルチデータベース、ビジュアリゼーション、教育およびキャリア開発におけるデータベース利用に関する研究開発に従事（〜2009年）。2013年2月、米国シリコンバレーにAppSocially Inc.を創業し、CEOに就任。専門は、データベース、知識ベース、マルチメディアデータベースとその応用、および、顧客開発。ブログ GrowthHacker.jp を運営。TechCrunch Japan、THE BRIDGE、日経ビッグデータ等でデータサイエンス、グロースハック、ソーシャル、モバイル等について執筆中。2013年4月より、米国シリコンバレー在住。

●山田案稜（やまだ・ありゅう）
株式会社パワービジョン代表取締役。2007年にWEBマーケティング専門会社パワービジョンを立ち上げ。中小企業から東証一部上場企業まで幅広くWEB事業のコンサルティングを手がける。独立のコンサルタントとして6年以上事業を行っており、最近は、新規事業の立ち上げや、スタートアップ企業のマーケティングに積極的に取り組んでいる。読書会の主宰をライフワークとしており、現在はbizima（ビジネス・マーケティング研究会）を運営している。同志社大学卒。著書に『すぐに使えてガンガン集客！WEBマーケティング111の技』（技術評論社）、『小さな会社のWeb担当者になったら読む本』（日本実業出版社）。『考える仕事がスイスイ進む「フレームワーク」のきほん』（翔泳社）などがある。

●TNB編集部
ビジネス書のまとめ的なコンテンツをお届けするウェブマガジン「thenextbook.jp」の編集部です。株式会社 翔泳社の広報・編集チーム有志で運営しています。
http://thenextbook.jp/

本書内容に関するお問い合わせについて

このたびは翔泳社の書籍をお買い上げいただき、誠にありがとうございます。弊社では、読者の皆様からのお問い合わせに適切に対応させていただくため、以下のガイドラインへのご協力をお願い致しております。下記項目をお読みいただき、手順に従ってお問い合わせください。

● ご質問される前に

弊社Webサイトの「正誤表」をご参照ください。
これまでに判明した正誤や追加情報を掲載しています。
【正誤表】https://www.shoeisha.co.jp/book/errata/

● ご質問方法

弊社Webサイトの「刊行物Q&A」をご利用ください。

【刊行物Q&A】https://www.shoeisha.co.jp/book/qa/

インターネットをご利用でない場合は、FAXまたは郵便にて、
下記"愛読者サービスセンター"までお問い合わせください。
電話でのご質問は、お受けしておりません。

● 回答について

回答は、ご質問いただいた手段によってご返事申し上げます。
ご質問の内容によっては、回答に数日ないしはそれ以上の期間を
要する場合があります。

● ご質問に際してのご注意

本書の対象を越えるもの、記述個所を特定されないもの、
また読者固有の環境に起因するご質問等にはお答えできませんので、
予めご了承ください。

● 郵便物送付先およびFAX番号

送付先住所 : 〒160-0006　東京都新宿区舟町5
FAX番号　 : 03-5362-3818
宛先　　　 :（株）翔泳社 愛読者サービスセンター

※本書に記載されたURL等は予告なく変更される場合があります。
※本書の出版にあたっては正確な記述につとめましたが、著者や出版社などのいずれ
　も、本書の内容に対してなんらかの保証をするものではなく、内容やサンプルに基
　づくいかなる運用結果に関してもいっさいの責任を負いません。
※本書に掲載されている画面イメージなどは、特定の設定に基づいた環境にて再現さ
　れる一例です。
※本書に記載されている会社名、製品名はそれぞれ各社の商標および登録商標です。

本文イラスト（釣り針）：© dimdimich - Fotolia.com
装丁・本文デザイン：冨澤 崇（EBranch）
DTP：山口良二

Hooked ハマるしかけ
フックト
使われつづけるサービスを生み出す [心理学]×[デザイン]の新ルール

2014年5月22日　初版第1刷発行
2025年4月10日　初版第4刷発行

著者	ニール・イヤール、ライアン・フーバー
訳者	Hooked 翻訳チーム 金山裕樹、髙橋雄介、山田案稜、TNB編集部
発行人	臼井 かおる
発行所	株式会社 翔泳社（https://www.shoeisha.co.jp/）
印刷・製本	株式会社シナノ

＊本書は著作権法上の保護を受けています。本書の一部または全部について、
　株式会社翔泳社から文書による許諾を得ずに、いかなる方法においても
　無断で複写、複製することは禁じられています。

＊本書のお問い合わせについては、239ページに記載の内容をお読みください。

＊落丁・乱丁はお取り替えいたします。03-5362-3705までご連絡ください。

ISBN978-4-7981-3786-5
Printed in Japan